QUESTÕES DE TOMÁS DE AQUINO SOBRE DIREITO E POLÍTICA

Michel Villey

QUESTÕES DE TOMÁS DE AQUINO SOBRE DIREITO E POLÍTICA

tradução de Ivone C. Benedetti

Esta obra foi publicada originalmente em francês com o título
QUESTIONS DE SAINT THOMAS SUR LE DROIT ET LA POLITIQUE
por Presses Universitaires de France, Paris
Copyright © 1987, Presses Universitaires de France
Copyright © 2014, Editora WMF Martins Fontes Ltda.,
São Paulo, para a presente edição.

1ª edição 2014
2ª tiragem 2021

Tradução *Ivone C. Benedetti*

Acompanhamento editorial *Márcia Leme*
Preparação do original *Letícia Castello Branco Braun*
Revisões *Maria Luiza Favret e Ana Paula Luccisano*
Projeto gráfico *A+ Comunicação*
Edição de arte *Katia Harumi Terasaka*
Produção gráfica *Geraldo Alves*
Paginação *Studio 3 Desenvolvimento Editorial*
Capa *Katia Harumi Terasaka*

Dados Internacionais de Catalogação na Publicação (CIP)
(Câmara Brasileira do Livro, SP, Brasil)

Villey, Michel
    Questões de Tomás de Aquino sobre direito e política / Michel Villey ; tradução de Ivone C. Benedetti. – São Paulo : Editora WMF Martins Fontes, 2014. – (Coleção Biblioteca Jurídica WMF)

    Título original: Questions de Saint Thomas sur le droit et la politique.
    ISBN 978-85-7827-830-4

    1. Tomas de Aquino, Santo, 1225?-1274 – Direito 2. Tomas de Aquino, Santo, 1225?-1274 – Pensamento político e social I. Título. II. Série.

14-02448	CDU-34:32

Índices para catálogo sistemático:
1. Tomas de Aquino : Filosofia : Direito e política 34:32

Todos os direitos desta edição reservados à
Editora WMF Martins Fontes Ltda.
Rua Prof. Laerte Ramos de Carvalho, 133 01325-030 São Paulo SP Brasil
Tel. (11) 3293-8150 e-mail: info@wmfmartinsfontes.com.br
http://www.wmfmartinsfontes.com.br

Studium philosophiae non est ad hoc quod sciatur quid homines senserint sed qualiter se habeat veritas rerum.

Tomás de Aquino, in libro I,
De Coelo, lectio 22.

SUMÁRIO

1. POR QUE TOMÁS DE AQUINO? 1

2. PROPEDÊUTICA 17

3. POR QUE QUESTÕES? 37

4. LEITURA DO "ARTIGO" 51

5. A TEOLOGIA CATÓLICA DEVE OU NÃO ABRIR ESPAÇO PARA A FILOSOFIA PROFANA? 71

6. É POSSÍVEL OU NÃO EXTRAIR UMA DOUTRINA SOCIAL DA SAGRADA ESCRITURA? 89

7. PODE-SE DEFINIR A PALAVRA "DIREITO"? 109

8. EXISTIRÁ UM "DIREITO NATURAL"? 131

9. EXISTE UMA CIÊNCIA DO DIREITO? 153

10. EPÍLOGO 175

Anexo I – Suma teológica, 181
Anexo II – Suplementum Thomisticum, 183
Anexo II – (Tradução), 187

1

POR QUE TOMÁS DE AQUINO?

Todos sabem o que Platão disse em sua *República*. Lá, Sócrates, querendo a aceitação do paradoxo de que o governo deveria ser confiado aos filósofos, adverte que de início terá de transpor três *vagas*. Não é menor o número de obstáculos ao se comentar Tomás de Aquino. Quando anunciei a meus alunos o tema do curso, eles protestaram, preferindo:

1º Tratar da doutrina de um jurista ou politólogo especializado. Tomás de Aquino não é nem um nem outro; é teólogo.

2º Que a obra seja científica, construída com base em abundantes dados experimentais e rigorosa lógica. Ao contrário, tento a defesa e a ilustração de um antigo método escolástico, hoje abominado.

E 3º, em qualquer caso, que se tratasse de autor recente, na moda e por dentro de algum tema atual, como "direitos humanos"...

Para começar, vou eliminar o primeiro motivo de recusa. O meio consistirá em percorrer uma parte da obra principal de Tomás de Aquino, aparentemente muito distante do direito e da política e do modo como se escreve sobre o assunto no século XX.

QUAL É O OBJETIVO?

É no começo da segunda parte da *Suma:* Iª IIae, questões I a 5. Antes de tratar das ações humanas, o autor tem o cuidado de indagar previamente sobre o *sentido* delas. Estranho propósito! Há muito tempo ele desapareceu de nossos programas. Nas milhares de circulares recebidas do Ministério da Educação da França, creio que não o encontrei. Deixamos para as criancinhas essas questões fúteis, insolúveis e "metafísicas"!

A surpresa, contudo, está no modo como fala. Sobre esse assunto, ele precisaria ter escrito na primeira pessoa, uma vez que cada um de nós segue os ditames de sua própria consciência, como o Vigário Saboiano; ou melhor, cria livremente para si seu coquetel de "valores" pessoais; a menos que seu "Desejo" o determine. Em *Em busca do tempo perdido*, eu poderia descobrir o sentido da vida de Swann ou da duquesa de Guermantes, supondo-se que a vida deles tenha algum sentido...

Outro é o estilo de Tomás de Aquino: absolutamente impessoal, um amontoado de discussões alimentadas por lugares-comuns extraídos da *Metafísica* ou do *Organon* de Aristóteles. Não se tratará de responder à segunda indagação kantiana: que devo fazer, segundo minha Razão? Nem de nos fazer sentir como o barão de Charlus se comportava num salão. A *Suma* interroga sobre o *Bem* e sua consistência.

Santo Tomás de Aquino ignora a ruptura, realizada por Kant – que procede de outra corrente de teologia –, entre uma Razão *teórica*, cujo fim é compreender as coisas, e a chamada Razão *prática*, pela qual nossa ação seria governada. Para Tomás de Aquino só existe (em cada homem) um único "Intelecto", "especulativo"; por "extensão", ele pode servir à prática: *Intellectus speculativus per extensionem fit practicus* (Iª, qu. 79, art. 11). Máxima de Aristóteles. Pois, assim como a Verdade é coincidência de nosso espírito e de nossos discursos com o real (*ens et verum convirtudentur*), o mesmo deve ser dito sobre o Bem; que é Ser, porquanto desejável (*Ens et bonum convirtudentur*). Os homens não criam seus "valores"; eles discernirão o bem nas coisas. Busca puramente teórica. Que ainda não visa nem o brilho nem a novidade. Estejamos prevenidos! É o contrário do romance.

Questão I (*De ultima fine hominis*): Os movimentos das criaturas são explicados por suas *causas finais*. – Em Aristóteles essa proposição resultava da observação da "Natureza". A própria natureza persegue fins. Evidentemente, nem sempre os atinge; uma planta pode germinar mal, a cópula de dois animais pode engendrar um monstro: não é o caso mais comum. Está claro que a expressão "natureza" é metafórica: só Deus age por intermédio da natureza.

É próprio do homem conduzir-se em virtude de uma escolha refletida; antes de agir ele tem vocação para compreender as causas finais, salvo exceção. No caso, a exceção é de certa forma regra. Temos em comum com os outros animais o fato de a maioria de nossas inclinações ser impensada. Quando um homem cofia a barba (*se fricat barbam*, art. 1) ou põe um pé à frente do outro, não refletirá a cada um de seus passos que está indo para o trabalho, ou que o *jogging* lhe faz bem. Apesar disso, a maioria de nossos atos, pensados em maior ou menor grau, tem um objetivo, e seria conveniente que o homem, esse animal racional, na ocasião tivesse consciência dele.

Sua vida nos parece orientada para uma *multidão* de fins, à primeira vista inclassificáveis. Mas eles se ordenam mutuamente, uns são meios para outros (como o *jogging* para a saúde). Parecem organizar-se hierarquicamente sob uma causa última.

Se procedêssemos ao infinito na busca das causas, o mundo e a tendência à ordem, que acreditamos constatar nele, seriam impensáveis. A busca do fim último é clássica na Antiguidade. Cf. Cícero, *De finibus*. Definir o "Bem" a que tudo aspira.

Essa tese de Aristóteles pode ser aceita em oposição aos ataques dos estoicos: todos os homens aspiram à *felicidade*; os cristãos chamam essa felicidade de *bem-aventurança*.

Questão II: Pergunta-se então em que coisas consiste a bem-aventurança (*De his in quibus hominis beatitudo consistit*). Tema de controvérsias, pois nesse assunto são muito divergentes as opiniões, mais ou menos explícitas, desses ou daqueles. Nenhum dos interlocutores está totalmente errado. É que a maioria olha muito para baixo e, na busca da felicidade, para naquilo que é apenas instrumento da felicidade, ou sua aparência. Passemos em revista os tipos de *coisas* chamadas bens, sem desprezar nenhuma delas, para pormos cada uma em seu lugar em ordem ascendente, que aproxime do fim último.

Os primeiros visíveis, os *bens exteriores*, que veremos ser matéria da arte jurídica. Tal como definido pela *Suma*, direito não é liberdade nem "dignidade da pessoa humana"; tem por objeto a partilha de "bens exteriores".

Art. 1: a bem-aventurança consiste em riquezas? *Utrum beatitudo homini consistat in divitiis*. É a opinião de uma multidão, multidão de estultos (*multitudo stultorum*). Pois, Refutação: está claro que alimentação, roupas e moradias não são desejados *por si* mesmos; são desejados em vista de outra coisa, que valerá mais: a sobrevivência do corpo, o conforto. Quanto ao dinheiro, porque meio de aquisição dessa primeira espécie de bem, é menos ainda fim em si. Os avaros são imbecis.

Art. 2: a bem-aventurança residirá nas *honras* e funções públicas (outro objeto da ciência do direito)? Na boa reputação, na *glória*, com a qual sonham alguns acadêmicos, na falta de dinheiro (*art.* 3)? Na posse do *poder* (*art.* 4)?

A glória e as honras são *signo* (frequentemente ilusório) do sucesso, mais que sucesso propriamente. Haveria ilusão de óptica em buscá-los por si mesmos. Seria abandonar a presa pela sombra. Segundo nossos politólogos, a partir de Maquiavel, o objetivo supremo dos embates políticos seria a obtenção de *poderes*; na Igreja, o papa e os bispos cobiçam um poder. A potência é atributo de Deus. E, se o poder tem tanta atração, poderia ser porque, obscuramente, gostaríamos de nos igualar a Deus. Mas o termo, por si mesmo, delata sua insuficiência: *Potestas*, próximo de *potentia*. O homem (além de sempre atingir apenas uma potência duvidosa e precária) por definição *pode* agir tanto para a infelicidade dos outros ou para a sua própria, quanto para atingir a felicidade. O poder é neutro; ilógico tomá-lo como fim. Aí está denunciada a loucura do tecnicismo contemporâneo.

... *Art.* 6: *volúpias*. Os gozos sensuais têm, sobre o dinheiro ou sobre os "poderes", a vantagem de serem saboreados por si mesmos; ocorre-lhes "absorver o apetite e a razão dos homens". Não faltaram teóricos à moral do hedonismo, sem dúvida a mais praticada (*delectationes omnia appetunt*).

Inconsequência: Teria sido mais lógico eles gozarem o sexo ou a comida que compor obras de filosofia. No entanto, elas não faltaram na Antiguidade e, aliás, ofereciam várias concepções da volúpia (ou *delectatio*). Tomás de Aquino conhece suas doutrinas, mas não perde tempo a discuti-las; não foram adotadas na filosofia clássica. A revanche virá mais tarde, com o triunfo, na Europa moderna, do utilitarismo, da aritmética dos prazeres, da idolatria americana do Welfare e da idolatria marcusiana do "orgasmo", que há vinte anos quase fez da sexologia a rainha das disciplinas...

Onde então, em nosso catálogo, situar essas coisas, os prazeres? Além da inferioridade que lhes cabe por serem fugazes e por terem "dias seguintes tristes" (*tristes exitus esse voluptatum*), o prazer também não passa de signo, e a razão deveria convencer de que é preferível o significado. – *Item*: os gozos dos sentidos são capazes de satisfazer esse "composto de alma e corpo" que é o animal racional? Aceitará ele ser rebaixado ao nível de uma besta? Os sentidos nos enganam. Racionalmente, aí não está a bem-aventurança.

Etc. Vou pular alguns degraus dessa subida. A essência da bem-aventurança (questão terceira: *quid sit beatitudo*) é menos *Ter* bens exteriores (repetirá Gabriel Marcel) que *Ser*, *esse* – *agir* (arts. 1 e 2).

Ainda: Ato da vontade, ou da inteligência? Excluiremos a vontade, porque a vontade é busca de um objeto que lhe é superior – *Se quero* dinheiro, é porque ele ainda não está no meu bolso. Ao passo que o ato da inteligência une ao objeto contemplado (*art.* 4).

Mas nada de "intelecto prático", que *vise* a uma obra, e não atinja o termo. A maior felicidade está no ato do "intelecto especulativo" (*art.* 5). Esse tema ocupa lugar de honra na obra de Tomás de Aquino – e já na de Aristóteles: primado da especulação. Não significa negação do valor da prática. Ela tem algo de divino, pois em Deus reconhecemos outro atributo, a *bondade*. Trabalhar pelo próximo impõe-se ao homem, no estado de sua vida presente. Mas a própria ação é o *caminho*, e não o atingimento da bem-aventurança. A especulação toca o objetivo.

Caberá, à maneira de Hegel ou mesmo de Aristóteles (*art.* 6), situar o termo felicidade no *bios theoretikos*, vida científica desinteressada: *Utrum beatitudo consistat in consideratione scientiarum speculativarum?* Aí Tomás de Aquino distancia-se de Aristóteles, mostra a incompletude dessas ciências (inclusive a filosofia). As especulações naturais aos homens, que sempre têm ponto de partida na sensação, os vinculam à matéria, os orientam para o mundo dos corpos. Elas são impotentes para preencher nossa inteligência, que é espiritual.

Bem-aventurança será a visão da essência divina (art. 8). O homem não a atinge nesta terra. Aqui ele sabe se Deus é (*an est*), e não "o que é" (*quid sit*). Essa contemplação é prometida ao homem em outro estado, por vir. Com isso termina a busca, não mais sob a égide de Aristóteles, mas do Evangelho de São João e do livro de Jó – Jó. 17.3: *Haec est vita aeterna ut cognoscat te, Deum verum unum*, João, III, 2: *Cum apparuerit, similes ei erimus et videbimus eum sicuti est*.

Mas, afinal, essa conclusão já não estava presente na literatura pagã? Nos herméticos, na gnose, no neoplatonismo, de que Tomás de Aquino é tributário? Ele não pretende ser original...

Série de truísmos, pensarão. "Dinheiro não traz felicidade" etc. Não convence ninguém. Culpa minha. O pálido resumo que precisei fazer dessas três Questões sacrificou quase todo o seu dinamismo, sua força tranquila de raciocínios, de *equilíbrio*. Adversário do maniqueísmo e do idealismo, Tomás de Aquino não subestima as riquezas, os prazeres do corpo, dá-lhes seu justo valor, que é instrumental (Qu. 4, art. 7). Coisa de que não foram capazes os estoicos e os gnósticos.

Apesar de tudo, esse discurso moral terá deixado a impressão de ser falso. Pregar que nosso bem supremo é a visão da essência de Deus, a nós que somos incapazes de fazer uma oração? O marquês de Sade e o amante de Lady Chatterley são menos utópicos...

Em Tomás de Aquino toda Palavra é feita para ser posta em prática: *Estote factores Verbi*. Sob essa série de deduções aparentemente frias ardia uma chama interior. Como demos de introduzir nele eventuais leitores que, supostamente, o conhecem mal, daremos agora uma nota sumária sobre sua *vida*.

ESBOÇO DE BIOGRAFIA

Estou assustado: uma vida de santo. Falta-lhe algum acontecimento capaz de figurar em manchetes de jornais. Tanto que em seu processo de canonização (*c.*1323) faltavam milagres. O papa João XXII resolveu o problema argumentando que os milhares de artigos da *Suma* eram milagres. *Tot articula, tot miracula*. Falta provar.

Ele nasceu em 1225, de uma poderosa família fidalga, de tendência gibelina, ou seja, na época de seu nascimento, fiel ao imperador Frederico II. Enviado com cerca de 5 anos à abadia de Monte Cassino, para mais tarde tornar-se seu abade; sem dúvida lá fez excelentes estudos de latim.

É então que os exércitos imperiais assolam a abadia, e com 14 anos ele prossegue os estudos em Nápoles, onde está sediada a corte de Frederico II e são acolhidos os sábios do Islã e de Bizâncio. Um dos crisóis dos quais saiu o renascimento das artes profanas.

Com 19 anos, decide ser dominicano. Aqui, seus hagiógrafos inserem uma pequena história edificante: a família de Tomás se opõe à sua vocação, ele é levado embora e trancafiado numa torre do castelo de Rocca-Sierra. Uma noite seus irmãos foram oferecer-lhe um jantar suntuoso e depois, desaparecendo, introduziram lá uma bela moça nua. Tomás pega na lareira um tição ardente e com ele ameaça a moça, que foge gritando; ele roga a Deus que o cure do apetite para a concupiscência. Acerca disso, os eruditos manifestarão ceticismo, mas, desde que se passou a valorizar a história "das mentalidades", eles notam a congruência dessa história com os costumes feudais.

Comentário

É plausível que a família fosse contrária à sua vocação. Os dominicanos pretendiam ser *pobres*, não buscavam *honrarias*.

A Ordem dos Irmãos Pregadores, instituída em 1217 por São Domingos, adotou o objetivo de lutar contra as heresias, mas de um modo novo. A opção pela cruzada mostrara-se insuficiente, e não parece que a intenção de São Domingos fosse uma ordem de inquisidores. Ele optou pela pregação, pelo exemplo da vida pobre e pela controvérsia. Naquela época não faltavam muçulmanos e judeus instruídos. Seria cabível que os católicos continuassem a ser os mais ignorantes e vencidos na discussão? Propósito que implica um esforço de educação filosófica. Os dominicanos entregaram-se ao *estudo*.

Depois que sua família se tornou mais leniente (entrementes se aliara ao partido do papa), o noviço Tomás foi enviado à Universidade de Paris, Paris de São Luís e de Notre Dame, centro intelectual da cristandade (1245). Teve por mestre Alberto Magno, também ele oriundo de uma grande família fidalga alemã, ardente defensor dos estudos e comentador de Aristóteles. Tomás de Aquino segue-o a Colônia (1248); quatro anos depois é chamado de volta à Universidade de Paris, lê e comenta as Sagradas Escrituras, os Pais da Igreja e o manual de teologia constituído pelas *Sentenças* do bispo Pedro Lombardo (de inspiração agostiniana); e cada vez mais obras de Aristóteles.

Uma parte do clero se opõe, pois era hostil à restauração dos estudos profanos e à entrada dos irmãos pregadores e dos franciscanos no corpo universitário. Mas uma grandeza da cristandade medieval era então dispor (ao contrário dos poderes temporais) do outro tipo de poder, que Auguste Comte chama de espiritual, e ao que parece ele nunca foi mais bem exercido do que no século XIII.

Depois de ter freado durante muito tempo a invasão da educação dos clérigos pela doutrina pagã trazida pelos muçulmanos, o papado logo percebeu que a Igreja não ganhava nada, mas perdia muito, desprezando a filosofia profana. O século XIII teve grandes papas, mais cultos que nossos Ministros da Educação. Na época da vida de Tomás de Aquino: Alexandre IV, Urbano IV, Clemente IV. A história mal conservou seus nomes. Mas a eles se devem a compreensão do que estava em jogo na empreitada e a decisão de sustentá-la. Assim foi encomendada a Tomás de Aquino sua primeira *Suma* (*contra gentiles*, que opõe à heresia e à descrença as razões dos filósofos), e ele é chamado à Itália junto à Cúria Pontifícia (1260). Então ensina e trabalha em Anagni, Orvieto, Viterbo e mesmo em Roma. Talvez tenha ditado a Primeira Parte da *Suma teológica* no plácido convento de Santa Sabina em Roma.

Paris continuava, contudo, sendo o coração dos estudos teológicos. Ali surgiu uma crise. Sigério de Brabante e Boécio de Dácia deixaram-se subjugar pelas teses do "Comentador" (Averróis), ameaçadoras para a fé cristã, com o risco de professar o sistema da "dupla verdade": uma para a Razão natural, outra imposta aos cristãos pela Revelação. O poder espiritual percebe o perigo dessas doutrinas; elas arruínam a crença no Deus criador, assim como em nossa liberdade, sem a qual não há moral. Eis que Tomás de Aquino é enviado a Paris por seus superiores (1269); vai refutar os erros dos averroístas, sem nenhuma concessão à facção contrária, dos detratores da filosofia. Bastará restabelecer a verdadeira doutrina de Aristóteles, travestida por Averróis, sobretudo os textos autênticos. Não existe "dupla verdade". Posição saudável, equilibrada, que teve pouco sucesso na Faculdade Parisiense de teologia. Várias teses de Tomás de Aquino serão condenadas, de cambulhada com as dos averroístas, pouquíssimos anos depois de sua morte, pelo bispo Etienne Tempier; logo depois, em Oxford.

A seguir, Carlos de Anjou, irmão de São Luís, tomou o poder em *Nápoles*, sustentado pelo papado. Tem a ambição de restaurar em sua capital um centro cultural brilhante, como no tempo de Frederico II, e exige a colaboração de Tomás de Aquino, que será de novo enviado à cidade (1270). Para morrer quatro anos mais tarde, a caminho do concílio de Lyon.

Deixava uma obra colossal: Comentários da Santa Escritura, de textos patrísticos, das *Sentenças* de Pedro Lombardo (na forma já mais livre e já alimentada de aristotelismo), de Boécio, Dionísio, o Areopagita, sobretudo das obras de Aristóteles. *Questões disputadas*, *De Trinitate*, *Summa contra gentiles* etc.

Por fim, a *Suma teológica*, "para uso de iniciantes", à qual recorreremos mais, já que somos "iniciantes". De uma abrangência enciclopédica. Os conhecimentos de Tomás de Aquino são de uma vastidão gigantesca, e prodigioso é seu gênio para organizá-los. Frequentemente a *Suma* foi comparada a uma catedral. Numa catedral representa-se o universo: Deus para o qual os olhares convergem (Iª, qu. I, art. 7); mas, a exemplo dos filósofos, a "doutrina sagrada" considera "*todas as coisas* em relação a Deus *omnia sub ratione Dei* (*ibid.*). Deus é *o alfa* e *o ômega*. Nada há que d'Ele não proceda e que não se incline, mais ou menos confusamente, a voltar a Ele; nada tem sentido senão em função de Deus, e não de projetos gratuitos do homem. Todas as coisas são matéria de teologia.

Donde o plano da *Suma*, a síntese mais ampla jamais edificada. Em comparação com ela, as que Auguste Comte e Hegel se esforçarão por reconstruir no século XIX, eivadas de antropomorfismo, serão deploráveis; mais ainda os alentados volumes editados com esse rótulo pelo cientificismo contemporâneo.

Depois da primeira questão em que são determinados o objeto da "doutrina sagrada" e o método por seguir, *Deus*, o incognoscível, o que se pode dizer a respeito. Sua criação, desde os anjos, as coisas materiais, até os homens – suas faculdades sensitivas e intelectuais, uma teoria do conhecimento –, suas inclinações naturais. O governo do Universo, suas mudanças, a ordem providencial.

Segunda parte: Os *atos dos homens* ordenados para seu fim supremo – causas desses atos –, paixões, jogo de razão e vontade, pecado, mal e pena e "leis" da conduta humana. E em II^a II^{ae}, caracteres – virtudes e vícios –, diferentes modos de vida etc.

A terceira parte, mais teológica (no sentido restrito a que nosso uso reduziu esse termo), falará da Salvação trazida por Cristo, da Encarnação, da Redenção, da Igreja e dos sacramentos; devia concluir-se com os fins últimos, caso Tomás de Aquino tivesse desejado levá-la a termo.

Pois aí vem o último episódio notável, que encerrará esta biografia. Com 45 anos, ao sair de uma hora de preces, bem no meio da terceira e última parte, ainda que seu vigor intelectual permanecesse íntegro, Tomás de Aquino anuncia aos próximos a decisão de deixar a *Suma* inacabada, porque toda a sua teologia lhe parece "palha"... Tal foi o veredicto pessoal de Tomás de Aquino sobre sua obra.

* * *

Deve valer principalmente por isso. A mim mesmo fiz essa pergunta, pois enquanto escrevia não parei de ruminar as objeções do editor: outro livro sobre Tomás de Aquino atingirá o público culto das Presses Universitaires de France, em primeiro lugar os juristas, e também as pessoas respeitáveis?

1) Pressinto perfeitamente a resposta de meus colegas juristas. Há razões para que seja negativa. O que contou nessa vida? Contaram pouco as *riquezas* "exteriores" em torno das quais gira a ciência do direito. Tomás de Aquino viveu pobre. Não tanto

quanto Francisco de Assis. Ocorreu-lhe adquirir manuscritos, que lhe serviram de instrumentos. E veremos que ele justifica as propriedades dos laicos e dos clérigos seculares, sem lhes atribuir importância.

Contaram muito menos as *honrarias*. Ele recusou a mais honrosa das abadias beneditinas; mais tarde, o arcebispado de Nápoles que lhe foi oferecido pelo papa Clemente IV. Embora tivesse a estima de São Luís e de seu irmão Carlos de Anjou, ninguém o viu frequentar suas cortes. Frequentando apenas a Sagrada Escritura, os Pais da Igreja, Aristóteles... que contribuição dará a juristas e politólogos?

2) Na ausência destes, sua doutrina reterá a atenção dos "intelectuais", ou – não sejamos ambiciosos demais quanto à tiragem deste livro – dos "intelectuais católicos"? Obstáculo importante: Tomás de Aquino se nos mostrou gravemente contagiado pelo vírus que os progressos da medicina e da técnica contemporâneas quase fizeram desaparecer: a paixão pelo conhecimento de uma Verdade vã. Acabamos de vê-lo afirmar o primado da "vida *especulativa*" sobre a vida ativa.

Convenhamos que ele se defendeu de não ter participado da vida ativa. O que ele entende com isso? O ensino! O primeiro e mais necessário dos serviços que se presta ao próximo, segundo preceito do Evangelho, seria o de auxiliar nos estudos! O que pode haver mais fora de moda? A própria palavra especulação tornou-se pejorativa, sinônimo de abstração vazia, de fuga à realidade. A *Suma teológica* empenha-se em nos perder em abstrações. Partindo do princípio de que para a ciência é impossível atingir o concreto, o fato singular, ela girará em torno das "razões permanentes" das coisas. Renuncia a ensinar qualquer coisa sobre as situações particulares às quais se relaciona a ação.

A Escolástica do século XVI, os casuístas celebrizados pelas *Provinciais* de Pascal e seus sucessores (ainda os há) pretenderam extrair da *Suma* regras de conduta moral. Foi um contrassenso. A *Suma* também não se assemelha a nossas ciências positivas experimentais, auxiliares da técnica, cuja única razão de ser é servir ao desenvolvimento do maquinismo.

Daí a ignorância em que nos encontramos atualmente acerca de seus escritos. Não decorre do fato de nos faltar tempo de ler. Mas nos abstivemos de ler, porque estamos imbuídos de moral utilitarista e apegados ao "primado da *Praxis*"! Até os cristãos. Foi do Evangelho ou da Torá que saiu o preceito do serviço ao próximo: cuidar dos doentes, alimentar os pobres e visitar os prisioneiros – mais que seguir as errâncias dos filósofos gregos, aqueles ociosos. Não tenhamos ilusões. Muitos clérigos da Igreja Católica detestam Santo Tomás de Aquino, mas nem sempre confessam. Assim como, no início do século XIV, os franciscanos espirituais rejeitavam sua obra.

> [...] "Luxúria do saber [...] Do saber em si [...] Não era luxúria, a sede de conhecimento de Roger Bacon, que queria usar ciência para tornar o povo mais feliz [...] Luxúria dos livros [...] Como todas as luxúrias, como a luxúria de Onan que despejava no chão sua própria semente, luxúria estéril.[1]

Se Tomás de Aquino ainda estivesse vivo, eles reiterariam do fundo do coração a condenação que o bispo Etienne Tempier impôs a suas obras em 1277.

Voltemos aos laicos. Há pior: essa doutrina é *teológica*, é discurso sobre *Deus*. Os estudos especulativos, hoje mortos, procediam de um movimento da vontade que leva a compreender a

---

[1] Umberto Eco, *O nome da rosa* (trad. para o francês: Schifano), p. 401.

grandeza da criação, para elevar-se a Deus. A chave da vida especulativa é o amor a Deus, arquiteto do mundo. A *Suma* é também uma prece.

De resto, ao esboçar há pouco a vida de Tomás de Aquino, omiti o essencial. Suas obras mais comoventes são os singelos e maravilhosos poemas sobre a Eucaristia. Todos os seus amigos testemunharam que ele passava horas em adoração diante do crucifixo. Não é verdade que tenha dedicado todas as energias apenas às ciências especulativas. Está em busca daquilo que mostrou ser a *bem-aventurança extrema*. Afinal de contas, o próprio Aristóteles reconhecia que no Universo todas as coisas tendem a Deus, pedra angular de seu discurso filosófico.

Além de não ter competência para falar de santidade, acabo de me afundar nela. O que é que nós temos que ver com mística na era do computador? Deus foi expulso da literatura. Gagárin não o encontrou quando viajou perto da Lua, nem Jacques Monod em suas retortas. Os que pontificam na televisão se enrubesceriam de pronunciar seu Nome sem um sorriso liberal e condescendente. Acabou-se o tomismo. Têm razão. Teria sido melhor propor um livro sobre Kelsen.

3) Pois bem! Como o leitor deve ter entendido, essas foram precisamente as razões de nossa escolha. Porque consideramos inepto esse discurso cientificista, imbecil o tecnicismo, absurda a máxima de que agora o homem deveria "transformar o mundo" antes de tê-lo entendido; débil esse ativismo cego. E a "morte de Deus" significa uma vida vazia de sentido.

Por outro lado, insatisfatória a balbúrdia das doutrinas que se destroem mutuamente. Só se sabe "desconstruir", um após outro, todos os sistemas herdados da época moderna, racionalismo, historicismo, positivismo, progressismo. Isso dá vontade de procurar em outro lugar. Por que não naquela tradição aristotélico-tomista, que o século XVII descartou com pressa excessiva?

4) Quanto às ciências do direito e da política, vejamos o que percebemos depois de tê-las frequentado um pouco: que elas, principalmente, sofriam da alta de uma filosofia. Por certo dão a impressão de que vão bem das pernas. Avolumam-se e, insanamente, inflam as horas de aulas; mas, assim como as técnicas, já não sabem de onde saem nem para onde vão. Não há um único manual que defina as finalidades da política nem claramente as fronteiras do direito. Esta obra trará muitos exemplos dos desvarios provocados nessas ciências pelo esquecimento dos princípios. Elas estão doentes da cabeça: falta-lhes o elementar.

Onde encontrar o remédio? Determinar o objeto do direito e da política, seus fins e meios específicos não é trabalho de juristas. A experiência mostra que eles os *recebem* de uma ciência superior, outrora chamada "arquitetônica". Assim como o arquiteto distribui entre diferentes ofícios seus respectivos lugares e papéis, a filosofia atribui um campo a cada ciência. Com a condição de que ela contenha uma visão global do mundo, em que estejam organizadas as ações humanas, bem como as artes das ciências que lhes correspondem. Dissemos anteriormente por que os sistemas de Auguste Comte e Hegel, ainda que se pretendessem enciclopédicos, nos pareciam não atingir o objetivo. Precisando centrar este curso de filosofia do direito num texto, escolhi a *Suma teológica*.

2

PROPEDÊUTICA

Tentaremos, portanto, penetrar nessa catedral, justamente por causa de sua amplidão, porque ela extrapola nosso tema. Nela tudo está representado, ordenado em relação a Deus – *Omnia sub ratione Dei* –, à imagem de Cristo para a qual tudo converge. Sobre os portais, a criação e todos os movimentos que a afastam de Deus ou a fazem retornar a Deus. Astros, estações, ofícios e história. E nela vamos descobrir, entre outras atividades do homem, figuradas em algum canto, as da política e do direito. Estas não constituem mais que um ínfimo recanto nesse universo descrito pela *Suma*, mas não faz parte do estilo de Tomás de Aquino negligenciar detalhes. No mínimo estarão dispostas em seu justo lugar, delimitando-se assim seus campos e suas funções próprias.

* * *

Não se entra diretamente numa catedral. Para um leitor do século XX, a *Suma* é de acesso difícil. É preciso aprendizagem. Mais uma lição que extraí do próprio Tomás de Aquino, quando ele trata do ensino (*doctrina*) e do ato de aprender (*disciplina*).

Não que se beneficiasse da contribuição das chamadas ciências "pedagógicas" ou de psicologia infantil, que ensinam nossos professores a emburrecer seus alunos. O que conta são as *verdades* que o mestre tem o encargo de transmitir. A verdade reside no espírito (S. Th., Iª, qu. 26, art. 1); é menos coisa e mais operação do intelecto ou da Razão. Donde o método seguido pela *Suma*. Ela convida o leitor a refazer o mesmo caminho que a razão do mestre teve de percorrer. Teremos dificuldades, pegando o bonde no meio do caminho, depois de termos queimado as etapas intermediárias.

No século XIII existia uma herança da Antiguidade, algo preliminar aos trabalhos universitários, cujos vestígios a Europa moderna conservou por muito tempo.

Pouco democrática. Para a admissão aos estudos na Faculdade, era exigida a condição de ter passado antes pelas *Artes* (tal como Tomás de Aquino fez em Nápoles).

AS ARTES

As Sete Artes incluem, como se sabe, o *quadrivium*: geometria – aritmética – e seu complemento, música – rudimentos de astronomia ou às vezes de ciências naturais. Em seus comentários a Aristóteles, Tomás de Aquino saberá reproduzir facilmente demonstrações de matemática (antiga). Por outro lado, os movimentos dos corpos celestes (segundo o sistema de Ptolomeu), as ciências naturais, a medicina e a genética (sempre antigas) alimentarão a *Suma* com exemplos. Em seguida, Tomás de Aquino nunca deixará de se informar a respeito, sob a orientação de Alberto Magno e nas obras de Aristóteles.

Mas, sobretudo, o *Trivium*: Gramática, Retórica, Dialética. Três disciplinas em extinção, as duas últimas totalmente mortas, um pouco menos a primeira. Era o estudo do *latim* e de sua literatura.

Compreendo que a vontade de pular este capítulo seja grande, mas em todo caso tomo a liberdade de convidar o leitor a não o fazer.

VALOR DO LATIM

Quando tomei conhecimento de Tomás de Aquino, corri para me inscrever na reacionária e cada vez mais esquelética Associação para a Defesa do Latim. Todos sabem que a causa está perdida. As necessidades da técnica impõem que a preferência seja dada à linguagem do computador e ao inglês americano. Toda a política cultural da V República Francesa, mas também, infelizmente, da Europa inteira empenhou-se com afinco na supressão do latim.

Tomás de Aquino manejava o latim, não diremos com elegância (não escrevia romances), mas com perfeito domínio. Tinha pelo menos vernizes de grego, pois com bastante frequência lhe ocorre, nos comentários a Aristóteles, referir-se ao original. Tentou restaurar alguns termos gregos: sindérese, *gnome synesis*, *epieikeia* (mal traduzida pela palavra *equitas*); sem grande sucesso.

Mas o *latim*, na Idade Média, ainda é língua viva, comum a toda a cristandade. Claro, na classe culta; não há vida somente na esfera da economia. O latim de Tomás de Aquino movimenta-se e continua a enriquecer-se. Sua gramática é "gerativa".

Mais que Cícero, Sêneca ou Boécio, o século XIII fez do latim a língua da *filosofia*. Recorrendo a Aristóteles, especialmente ao admirável dicionário que é o livro V da *Metafísica*, Tomás de Aquino plasma um vocabulário de incomparável clareza, porque construído com base nas raízes mais simples e familiares. Intraduzível. Termos como *essência*, *substância*, *acidente*, *potência*, *ato*, *intelecto ativo* etc. são um sofrimento para o leitor francês. Quem quiser dissipar o mistério só precisa remeter-se ao original.

Nada é mais conhecido que o verbo ser – *esse*: faca *é* um instrumento metálico que serve para cortar. Tal é sua essência, *Essentia* nada tem de misterioso.

Elementar, o verbo ter. *Habitus* é o fato de ter (*habere*): assim, as virtudes e os vícios serão definidos como *habitus*, porque chegamos a possuí-los, por costume ("hábito"), a exemplo de uma propriedade.

O verbo poder. *Potentia* (potência oposta ao ato) na língua latina é entendido de imediato como a qualidade daquilo que pode (*potest*) engendrar ou não um efeito. Da mesma raiz, *Potestas*: o poder, sempre na boca de nossos politólogos, que não são capazes de analisá-lo. Vimos anteriormente Tomás de Aquino mostrar, por simples observação etimológica, que os poderes não poderiam satisfazer; pois dizia que do poder pode resultar ou não aquilo que se espera (*supra*, p. 5).

Ato, antípoda da potência – simples modo do verbo *agere* –, significa à primeira vista ação em vias de se produzir e também sua consecução: realização, aliás mais ou menos bem-sucedida, daquilo que estava implicado na *potência*.

Está claro que os "acidentes" designam o que ocorre (*accidet*) a algum sujeito considerado estável em relação a esses acidentes (*stare-substantia*). "Contingentes" as coisas passíveis de ser de outro modo (*contingit se aliter habere*).

De *prius* (termo elementar que significa o que é anterior) derivam os *princípios*, que não devem ser confundidos com axiomas, mas são os pontos de *partida* dos atos, dos corpos ou da razão (*supra*, p. 6-7), o começo, o oposto ao fim (causa "final"). Hoje esse ferramental de noções primeiras não estará relegado à obscuridade? Deixaremos para depois outros termos e a constatação dos serviços que eles prestaram à ciência do direito.

A linguagem da *Suma* é fácil e soberanamente límpida – o que não ocorre com o jargão de todas as obras filosóficas ou sociológicas do século XX. Que milagre a transformou em grego para a maioria dos leitores? Estes se obstinarão a qualificar a escolástica de bárbara. Transcritas para o francês, arrancadas de sua matriz, todas essas palavras vagam a esmo e mergulham na bruma. O latim para nós é insubstituível. – Não, sobre a primeira arte do *Trivium*, que de fato nós perdemos, não cabe concluir que era inútil!

SEMÂNTICA

As escolas da Idade Média são useiras e vezeiras na oposição de palavras (*verba*) e *res* ou realidades, e conscientes da pluralidade de sentidos que por analogia (sem contar que também existem termos ambíguos) um mesmo vocábulo pode ter. *Multipliciter dicitur* (tradução da fórmula grega habitual em Aristóteles: *pollakôs legetai*).

Logo verificaremos o lugar importante ocupado pelas *distinções semânticas* na obra de Tomás de Aquino. Haverá instrumento de estudo mais necessário que analisar o valor dos signos? Que eu saiba, nos "projetos pedagógicos" de nosso tempo, incubados por psicólogos, essa técnica não ocupa lugar de honra.

Adiante. Vou até passar por cima da *Retórica*. A fina flor das artes é a "Dialética".

INTRODUÇÃO AO "ORGANON"

No sentido mais amplo, é o estudo de uma série de obras de Aristóteles, reunidas pelos editores com o título de *Organon* (instrumento). Muitas vezes parafraseadas desde então; transmitidas primeiramente na Idade Média por intermédio de manuais da baixa latinidade (Porfírio-Cassiodoro e sobretudo Boécio); mas no século XIII vai-se às fontes.

Falta-me competência para tratar do assunto. As aulas a que assisti no liceu deixaram-me ignorante em lógica, mesmo a tradicional. Não é de se esperar que os estudantes de hoje saibam muito mais.

Incorreríamos no risco do contrassenso em relação à doutrina de Tomás de Aquino se, para completar esta propedêutica, não nos iniciássemos no *Organon*. Teremos dificuldade. Enquanto boa quantidade de manuscritos oriundos das escolas medievais sobre teologia e direito teve a sorte de ser editada, porque ainda há teólogos e juristas interessados, os cursos das Faculdades de Artes são menos acessíveis. Quanto a Tomás de Aquino, era professor de teologia. Embora fosse extremo o seu zelo em aprender as artes lógicas, em princípio não precisava ensiná-las. Apesar disso, deixou o comentário de duas obras do *Organon*, de onde extraio o texto a seguir:

Propondo-se expor os *Analíticos posteriores* ou *Segundos analíticos* – livro de Aristóteles relativo ao silogismo científico –, Tomás de Aquino inicia seu comentário com um *Proemium*. Esse breve prefácio tem a vantagem de apresentar um *Panorama da lógica aristotélica*.

Primeiro ponto: Como definir o objeto dessa disciplina? Convém desprezá-la? Não, porque ela é o instrumento de todos os nossos estudos. Não existe arte, do jurista, do político, do arquiteto – e, ao que tudo indica, do teólogo – que não se valha da Razão. Ora, a Razão mostra-se capaz de refletir sobre seu próprio curso, para retificá-lo se for o caso.

1. É necessária uma arte diretiva da própria razão, pela qual o homem proceda no próprio ato da razão segundo a ordem, com facilidade e sem erro.	1. ... *Ars quaedam necessaria est quae sit directiva ipsius rationis, per quam scilicet homo in ipso actu rationis ordinate faciliter et sine errore procedit.*
2. E essa arte é a Lógica, ou seja, "ciência racional", que é racional não só por estar de acordo com a razão (o que é comum a todas as artes); como também por se referir ao próprio ato da razão do mesmo modo que à sua própria matéria.	2. *Et haec ars est Logica, id est rationalis scientia quae non solum rationalis est ex hoc quod est secundum rationem (quod est omnibus artibus commune); sed etiam ex hoc quod est circa ipsum actum rationis sicut circa propriam materiam.*

3. E por isso parece ser a arte das artes, porque nos dirige no ato da razão, do qual procedem todas as artes. Portanto, cabe compreender as diversas partes da Lógica segundo a diversidade dos atos da razão.

3. *Et ideo videtur esse ars artium quia in actu rationis nos dirigit, a quo omnes artes procedunt. Oportet igitur Logicae partes accipere secundum diversitatem actuum rationis.*

As versões são sempre imperfeitas. Já disse que Tomás de Aquino não me parece traduzível. E essa primeira definição, tão vasta que permanece imprecisa. Mais interesse apresentará a divisão da lógica em suas "partes". Em Tomás de Aquino a cada setor da lógica corresponderá um dos livros do *Organon*. Sua paixão é descobrir ordem em tudo, até naquela coletânea de obras cuja reunião parecia ser fruto do acaso.

Omitiremos as duas primeiras: 1) Obra do intelecto que capta "indivisíveis". Aristóteles teria tratado disso em seu livro das *Categorias*, em latim *praedicamenta* (substância-quantidade--qualidade etc.). 2) A segunda, sobre o juízo; gênese e estrutura das proposições afirmativas ou negativas. Remete ao tratado sobre a Hermenêutica.

Chegamos ao cerne da lógica: a lógica tem, sobretudo, o papel de considerar e reger os passos da "razão" *propriamente dita*: em sentido estrito, "Razão" difere de "intelecto". O *intelecto* compreende, "lê dentro" das coisas (*intus-legere*) o que nelas vê de inteligível. A *Razão* (que mais tarde os racionalistas incidirão no erro de tratar como fonte de conhecimento) não passa de instrumento; que regula o movimento de uma proposição para outra, de uma intelecção para outra (cf. Iª, qu. 79, art. 8). Seu lugar específico é o *discurso*.

4. O terceiro ato da Razão está de acordo com aquilo que é próprio da razão, o discurso que vai de uma

4. *Tertius vero actus rationis est secundum id quod est proprium rationis, scilicet discurrere ab uno ad*

coisa a outra, para que do que é conhecido se chegue ao conhecimento do desconhecido. Com esse ato relacionam-se os outros livros do *Organon*.

aliud, ut per id quod est notum deveniat in cognitionem ignoti. Et huic actui deserviunt reliqui libri Logicae.

Esse para nós é o momento crucial. Pois uma doutrina teológica se constrói a poder de *discursos*. Qual pode ter sido o objetivo de Tomás de Aquino quando, antes de compor sua obra, se deu o trabalho de munir-se de sólida formação lógica? – Medir antes de tudo o valor dos instrumentos utilizáveis, sua maior ou menor aptidão para atingir a verdade – ou nos arrastar ao erro.

De fato, serão classificados os gêneros de discurso, segundo sejam ou não capazes de conduzir à verdade. A palavra tem outras funções: prece, comando, queixa, louvor, injúria etc. Mas a lógica só leva em conta os modos de discurso que visam ao conhecimento.

Ele propõe uma comparação (§ 5) com as obras da "natureza". Certos atos da "natureza" (ou de Deus a agir por intermédio da natureza) atingem infalivelmente seu objetivo: de certa semente sem dúvida sairá uma flor perfeitamente constituída. Outros só o atingem na maioria das vezes (*in plerisque*, no grego de Aristóteles *epi to poly*). A última espécie não o atingirá: a semente apodrece, não produz nada.

Existe pelo menos uma analogia entre os meios da natureza e os da razão humana (o homem também está na "natureza"). Eis sua classificação:

1) No grau mais alto, a *ciência* – porque ela está infalivelmente de posse da verdade; isso será explicado em breve.

Mas a lógica de Tomás de Aquino não desdenha outros discursos, desprovidos de pretensão à certeza científica, cujo estudo, porém, o lógico não deve omitir. De fato, o *Organon* de Aristóteles não os negligenciara.

2) Segunda espécie de discurso, dividida em três variedades:

a) A primeira, não produzindo o *saber* perfeito, engendra pelo menos uma *opinião* – na qual teremos confiança (*fides*), para a qual penderá nossa "inclinação", mas acompanhada do "medo" de que vença a opinião contrária (*cum formidine alterius*); sem se ter certeza da verdade. A ela está relacionada a arte *dialética*, no sentido mais estrito dessa palavra. O *Organon* de Aristóteles tocara nisso nos *Tópicos*.

b) As segundas não engendram mais que suspeita (*suspicio*) da verdade. Aristóteles trata disso em sua *Retórica*.

c) Uma terceira forma dá origem apenas a uma apreciação quase instintiva do valor das coisas (*existimatio*). Com uma imagem que representa o horror do assassinato cometido por Clitemnestra, o poeta nos dissuade. Mas o efeito não está garantido. É o lugar da arte *Poética*.

É de se notar que, para Tomás de Aquino, o catálogo dos livros constitutivos do *Organon* é mais amplo do que em geral se admite: nele se incluem a *Retórica* e a *Poética*.

3) Última espécie, os *sofismas*. Estes nunca engendram nenhuma verdade, produzem seu contrário, o erro.

Não é que os lógicos não se interessem por eles. Nem que sejam minoria; há a possibilidade de serem maioria, assim como na natureza o joio brota mais que o trigo. Uma derradeira parte da lógica demonstrará seus mecanismos para os demolir. Aristóteles lhes dedicou suas *Refutações sofísticas*. Que maravilhosa amplitude tem essa Lógica! Tantas são as variedades da lógica quantas as categorias de discurso.

Como nosso propósito é introduzir à *Suma*, deixo de lado os sofismas; encontram-se poucos deles na *Suma*. Infelizmente, também pouquíssima Poesia e menos ainda *Retórica*. Mas tem-se o costume de dar por certo que a doutrina de Tomás de Aquino tem valor de *Ciência*. Comentemos, pois, esse primeiro termo. Voltaremos à "Dialética" no próximo capítulo.

DEFINIÇÃO DE CIÊNCIA

5, *in fine...*

Há, com efeito, certo procedimento da razão que induz a conclusões necessárias, no qual não é possível a ausência da verdade, e por esse procedimento da razão é obtida a certeza da ciência.

Est enim aliquis rationis processus necessitatem inducens in quo non est possibile esse veritatis defectum, et per hujus modi rationis processum scientiae certitudo acquiritur.

A marca da ciência é sua "certeza". É chamada de científica a proposição com a qual sejamos obrigados "necessariamente" a anuir; sua verdade não pode "faltar"; a ciência é a posse de uma verdade indubitável.

Tomás de Aquino tinha a vantagem de falar latim. Em latim a raiz da palavra manifesta o que *é* ciência, em seu primeiro sentido: a coisa daquele que sabe (*scientis*, donde *scientia*). *Scire*, saber, exclui a dúvida. É estar seguro de conhecer uma verdade, porque também são sabidas as suas razões; ela é demonstrada por suas "causas".

Os senhores me responderão que as ciências experimentais de hoje ostentam pretensões menores. Citarão Popper. Segundo ele, ao contrário, a marca da proposição científica seria confessar-se provisória, admitir contradição. Os maiores cientistas do século XX sabem agora que não sabem. Eu me pergunto se o conceito, nessas condições, não se teria tornado autocontraditório, confuso e enganoso; como as análises de Popper e de outros epistemólogos ainda não conseguiram penetrar o grande público, o francês médio continua submisso à ilusão "cientificista" de que a pseudociência de que está imbuído é indubitável. E a média dos cientistas ainda se acredita de posse de verdades definitivas. Quanto valem os "saberes" que os docentes teriam a função de "transmitir" aos alunos? Nadamos num equívoco. O único modo de falar uma linguagem clara seria continuar consciente da etimologia, porque sempre restam vestígios dela.

O próprio Tomás de Aquino usa, na ocasião, essas acepções derivadas. Admite também que existe uma ciência de segundo grau, científica apenas na *forma*, uma vez que usa o silogismo; só sabemos então da certeza de suas inferências. Aristóteles teria tratado disso em seus *Primeiros analíticos* (§ 6, início); mas preferimos o sentido mais estrito, etimológico.

A Ciência que ele nos apresenta *aqui* não o é apenas pelo rigor de seus silogismos, por sua "forma", mas "por sua matéria", porque parte de "proposições necessárias por si mesmas", *propositiones per se necessariae* (§ 6, meio). Portanto, o cientista tem certeza da verdade de conclusões definitivamente estabelecidas em bases indestrutíveis. A esse tipo de ciência integral Aristóteles teria dedicado seus *Analíticos posteriores*, que Tomás de Aquino comentará na sequência de nosso texto.

Notemos a superioridade da ciência ou, como dizem os Escolásticos, sua "dignidade". É justamente por estar situada em primeiro lugar entre os gêneros de discurso. Ela será o modelo, o polo. Nós aspiramos ao saber verdadeiro.

Mas eis o motivo de preocupação: a uma ciência assim definida, como ela devia ser, qual a possibilidade de se ter acesso? Será que algum homem a atingiu? O próprio Tomás de Aquino? Muitos professores imaginam que aconteceu; os tomistas dos tempos modernos, que seu tomismo – aliás certificado pela Igreja romana – estaria demonstrado, seria definitivo. *Philosophia perennis*... Eles poderiam trair o pensamento do Mestre.

DIFICULDADES DA CIÊNCIA

Que posso saVER? Questão kantiana, ainda candente. Kant não foi o primeiro a formular o problema. Todos os grandes filósofos o fizeram. Contra o sono dogmático, seria possível extrair das obras de Tomás de Aquino uma multidão de textos. Decerto Tomás de Aquino não foi menos *crítico* que Kant. Acreditaríamos que até mais. A crítica era consequência imediata de sua análise da ciência.

1) Primeiro ponto: acaso os homens dispõem de quantidade suficiente desses "princípios necessários por si mesmos" sobre os quais se constrói a ciência? Tomás de Aquino responde que todo homem possui os *primeiros princípios*. Ninguém tem o direito de pôr em dúvida que uma coisa não pode ao mesmo tempo ser e não ser (princípio de não contradição), que o bem deve ser buscado e o mal, evitado (*bonum quaerendum malum vitandum*) – o que equivale a possuir as noções de bem e de mal – ou que, quando uma coisa é dividida, "o todo é maior que as partes"...

Em várias ocasiões ele acrescenta esta fórmula mais sibilina: todas as nossas ciências estariam em germe, implicitamente contidas (*impliciter continentur*, II[a] II[ae], qu. I, art. 7 Resp.) nesses princípios universais. Por exemplo, toda a ciência moral, no princípio de que é preciso fazer o bem. Problema: será que isso nos adianta muito?

Lembro-me da seguinte observação feita um dia pelo padre Chenu: *não se deduz nada dos princípios*. Eu gostaria muito que a ciência moral estivesse em potência nestas duas palavras: *Bonum faciendum*, mas tal como uma árvore está contida em potência numa semente; com a condição de se alimentar também de outras coisas, da terra, da chuva e do ar. Assim, é uma aberração imaginar que uma ciência moral se deduziria analiticamente do princípio *bonum faciendum*. Essa fórmula ainda confusa e indeterminada precisa ser *preenchida*, haurindo em outras técnicas do conhecimento.

Assim se constrói o *Silogismo*, forma austera de que a *Suma* se valerá amplamente. A operação silogística não se reduz apenas ao movimento último analisado hoje pelos lógicos puros; uma dedução rigorosa. Pois, para formar um silogismo, não basta este axioma: devemos buscar o bem. Intervém uma segunda premissa, a "menor", no exemplo escolhido extraído do campo da moral: as riquezas são um certo bem. Daí se segue a conclusão: devemos buscar as riquezas, quando elas merecem. Mas a segunda premissa já não estava dada de antemão.

Precisamos inventá-la. A maior parte do artigo da *Suma teológica*, que constitui sua substantífica medula – e provavelmente também seu ponto fraco –, tende à descoberta de segundas premissas, como diz Tomás de Aquino dos "princípios *próprios*" à coisa considerada. Eles não poderiam ser deduzidos de primeiros princípios universais. Do axioma *Bonum quaerendum* não se infere que as riquezas constituem um bem. Os "princípios próprios" são extraídos da observação da coisa, fruto de um método que será tratado no próximo capítulo. Não dedutivo. Os resultados não se revelarão infalíveis.

Talvez nos venham a parecer *verdadeiros*. Pode ser que a inteligência pessoal de Tomás de Aquino tenha reconhecido a evidência deles (ter os bolsos cheios de fato é vantajoso). Ele não os demonstrou e não poderia tê-los comunicado a seus discípulos como *necessários*. De resto, era lugar-comum da filosofia clássica que os "princípios" são indemonstráveis. É então lícito *duvidar* que, não sendo eles demonstrados, as conclusões sejam necessárias.

2) Mas há coisa pior! A própria *verdade* dessa série de princípios segundos mostra-se suspeita. Quando verificados, isso só ocorre – assim como notamos anteriormente, p. 25, sobre os resultados da dialética – *in plerisque*, num número mais elevado de casos, salvo exceção sempre possível.

Exemplos – só temos de escolher: "O homem é animal racional." Assino embaixo dessa fórmula, mas não tenho certeza de que ela coubesse a Calígula. "O casamento – ou a continência – constituem bens." Concordamos, mas daí não concluímos que os recém-casados veem a felicidade na continência, e Tomás de Aquino, no casamento.

A maioria dos comentadores de Tomás de Aquino parece convencida da verdade de suas conclusões, que diriam respeito exclusivamente a um mundo de "formas" ideais. É o afirmado por uma máxima frequentemente citada de Cayetano (Tomás de Vio): *Dires Thomas semper formaliter loquitur*. Será discutida adiante. Em nossa opinião, isso é enganar-se sobre o objeto do conhecimento. Tomás de Aquino visava ao real, "tencionava" conhecer, como todos nós, o mundo tal qual é; que apresenta o inconveniente de não se reduzir a "formas". Está tão sobrecarregado de "matéria" e por isso disperso em poeira de seres singulares, mais difíceis de apreender do que um universo de ideias.

Mais tarde, scotistas e nominalistas, adversários de Tomás de Aquino, lançarão a tese (de considerável importância histórica) de que aos homens seria acessível o *conhecimento do individual*. E daí provavelmente saiu uma nova espécie de "ciência", nossas ciências positivas experimentais, supostamente deduzidas dos "fatos" que durante muito tempo os cientistas modernos (eles estão em vias de se recobrar dessa ilusão) acreditaram ser capazes de apreender sem intermediários – com perfeita certeza.

Nem Aristóteles nem Tomás de Aquino ostentavam tais pretensões. Enquanto Deus compreende o individual, ao ser humano são inteligíveis apenas os universais (ser, bem, virtude, natureza humana etc.), latentes nas coisas concretas. *Nesse* indivíduo, Pedro ou Paulo, estamos aptos a compreender somente os caracteres genéricos que entram em sua composição; só apreendemos os "fatos" singulares através e sob a dependência desses conceitos universais. O espírito humano não poderia atingir a inteligência completa das realidades deste mundo, porque elas diferem infinitamente, no espaço e no tempo.

| Pois tudo o que tenha matéria está sujeito ao movimento e à variação. E sobre todas essas coisas nunca pode haver certeza. O que se procura nelas não é o permanente nem o necessário. | *Ea enim quae habeant materiam subjecta sunt motui et variationi. Et ideo non potest in eis omnibus omnimodo certitudo haberi. Quaeritur enim in eis non quid semper est et ex necessitate...* (In Met. 336, cf. II^a II^{ae}, qu. 51, art. I, ad. 3 etc.) |

Essa *natureza* em que vivemos, cujo espetáculo é oferecido como algo mutável e cheio de coisas singulares e contingentes, escapa ao controle total da ciência. *Circa quae non habetur certa sententia hominum.* Não será de conhecimento indubitável, por conseguinte científico, em Moral, Direito e Política.

3) Terceiro argumento, este de alcance geral. Já não se trata da resistência oferecida pelas coisas a deixar-se conhecer (obstáculo procedente *ex parte rerum*), mas de outras limitações impostas por nossa própria deficiência (*ex parte nostra*).

Um pouco de realismo: constatemos que a natureza do homem é decaída. Depois da culpa, o funcionamento de nosso intelecto é patológico. Falta muito para estar sempre de posse efetiva dos "primeiros" princípios. Tem como "potência" o conhecimento deles, mas com a condição de "agir". Na verdade, ele dormita ou frequentemente se transvia. É preciso ser louco para contestar que o bem é preferível ao mal, mas esses loucos existem (inclusive entre os filósofos do século XX). E pouquíssima gente se mostra capaz do esforço de abstração exigido pela filosofia!

Assim que a Razão entra em ação e dá ao pensamento a forma de uma sequência de proposições, os riscos de erro se multiplicam. O fato é que a cada dia são proferidos mais sofismas que silogismos corretos. Nosso estado mais comum (mais difundido que a verdade) é a falsidade (Iª, qu. 17, *De falsitate*), visto que o vício sobrepuja as virtudes.

Mais uma vez, *Deus* tem a ciência (mesmo a ciência do individual). Antes do pecado original, *Adão* tinha a parcela de ciência destinada ao homem, no estado de natureza integral (Iª, qu. 94, art. 3). No que nos diz respeito, intervém nossa queda. Detalhe que os racionalistas esquecerão. Mas Tomás de Aquino continua tendo consciência aguda disso.

RARIDADE DA CIÊNCIA

No geral, o saber científico raramente é atingido. O que me impressiona é que nesse comentário dos *Analíticos posteriores*, dedicado à ciência no sentido estrito, Tomás de Aquino extrai quase todos os seus exemplos da *Matemática*. A *Matemática* de fato tem a vantagem de fazer abstração da matéria e das mudanças. E, por haver a obra de Euclides, elas atingiriam a certeza. *In mathematicis est requirenda certissima ratio* (In Met., 336). Mas não vemos como a matemática pode nos ensinar o conteúdo do mundo real.

Discutível o caso da *Metafísica*, que faz abstração da matéria e da mudança, mais ainda que a *Matemática*. Georges Kalinowski confere à Metafísica tomista a forma de ciência acabada[1], e Tomás de Aquino não se abstém de lhe dar às vezes esse título. Eis um texto afirmativo (à primeira leitura) sobre a verdade da filosofia, de que a Metafísica será a ponta avançada. Nele se nota a oposição marcada entre a Ciência e a segunda parte da "Lógica", essa *Dialética* de que trataremos em breve.

	In Met. 574
O Filósofo procede demonstrativamente. Das referidas matérias [ou seja, dos princípios "comuns", objeto de seu estudo], portanto, ele tem ciência, conhece-as com certeza. Sobre as mesmas matérias o dialético procede apenas a partir das coisas prováveis, portanto, não produz ciência, mas opinião.	*Philosophus procedit demonstrative. Et ideo ejus est habere scientiam de praedictis et est cognoscitivus eorum per certitudinem... Dialecticus autem circa omnia praedicta procedit ex probabilibus unde non facit scientiam, sed quamdam opinionem.*

E por que essa diferença? Porque o dialético raciocina com base nos conceitos dos autores que deve discutir, das "intenções", "seres de razão" (*entia rationis*). Partindo de opiniões, não poderá escapar à esfera da opinião. O cientista teria o privilégio de partir – continua o texto – dos "próprios princípios das coisas" (*entia naturae*). Por conseguinte, atingiria a verdade.

Decisivo? Vamos pensar bem. Não me parece demonstrado que qualquer filósofo possui os "princípios" das coisas. Eu diria que esse texto descreve a filosofia tal como deveria ser, e não tal como a fazemos. Voltemos às primeiras páginas do mesmo comentário.

---

[1] G. Kalinowski, *L'impossible Méthaphysique*, Paris: Beauchesne, 1983.

Ali Tomás de Aquino fizera a seguinte advertência nada equívoca (trata-se ainda da filosofia):

	In Met. 60
A referida ciência não é de posse humana... [O homem] a busca... O homem não consegue chegar a ela perfeitamente...	*Praedicta scientia non est humana possessio... Tantum quaeritur... Ad eam perfecte homo pervenire non possit...*
Não é humana, e sim divina.	(*Ibid.* 68) *Non est humana sed divina* (*etc.*).

Último exemplo, mas não o menor: a TEOLOGIA que, aliás, para os cristãos da Idade Média tem vocação a substituir a filosofia. É de uma *Suma teológica* que estamos tratando. Qual será o estatuto dessa disciplina?

Estaríamos inclinados a presumir que ela assume mais uma forma científica. Realmente, o teólogo goza desse privilégio único, já parte munido de proposições incontestáveis: os "artigos da fé" cristã. Dos quais seria deduzida uma ciência. Não faltariam exemplos na própria pluma de Tomás de Aquino. Tal como a obra cuja tradução foi recentemente posta à disposição do público francês com o título de *Compendium Theologiae*. No livro primeiro Tomás de Aquino esmiúça o *Credo* artigo por artigo, infere suas consequências. Faz o mesmo no livro II com as primeiras frases do *Pai-Nosso*; com isso o manuscrito se interrompe.

Ocorre que o *Compendium* não é o que o título adotado por seus editores dá a entender: realmente uma obra de teologia. É um resumo das crenças que a Igreja impõe em matéria de "fé da esperança e da caridade". A teologia, como se verá a seguir, exige outra coisa (adiante, p. 80-1). Melhor voltar à *Suma*, na qual precisamente esse problema é formulado já na Introdução: se essa "doutrina sagrada é ciência" – *Utrum sit sacra doctrina scientia* (Iª, qu. I, art. 2).

A resposta à primeira vista poderia parecer afirmativa; para concluir, mostra-se muito menos definida: sim, a teologia é ciência para Deus que sabe tudo, e para os bem-aventurados do outro mundo. *Est scientia Dei et beatorum*. O mesmo não vale para nós, *quoad nos*. Não que a culpa disso seja imputável à própria teologia.

Non propter defectum ejus sed propter defectum intellectus nostri (arts. 5 e 8). Exemplo, questão 2: é falso – no que se refere a nós, *quoad nos* – que Deus seja "conhecido por si mesmo" (qu. 2, art. 1), e que para nós sua existência possa vir a ser demonstrada, cientificamente, pelas causas (*ibid.*, art. 2). Que causa atribuir a Deus? Cf. *Comp. Theol.*, 580 e s.

Scientia tantum quaeritur (qu. *Disp. De Veritate, De Magistro*, art. 4). Caberá falar, como o padre Chenu, da constituição da "teologia como ciência" nos séculos XII e XIII? Eu escreveria: procura de ciência. Doutrina que fica "à altura" da razão humana, e não poderia chegar à certeza. *Secundum modum hominis qui non potest per certitudinem comprehendere veritatem* (II$^{\underline{a}}$ II$^{\underline{ae}}$, qu. 57, art. 11).

* * *

Hora de concluir: disso dependerá a interpretação da doutrina de Tomás de Aquino. Foi um pensador *dogmático*, conforme a reputação? Seu perfeito domínio das *artes* e a profundidade de suas reflexões sobre a lógica de Aristóteles o preservaram desse vício.

O dogmatismo, antes de Kant, foi ele quem definiu: o que quer dizer esse termo, se não o orgulho, que logo se apoderará dos racionalistas, de atingir o saber científico, seguro de si mesmo? Para logo em seguida *refutá-lo*. Eu não excluiria que o prefácio que acabamos de ler tivesse o objetivo de afastar essa presunção. Os *Analíticos posteriores* são uma teoria da ciência. Antes de comentar essa obra, Tomás de Aquino previne os alunos de que não devem superestimá-la; de que a verdadeira ciência de que ele vai tratar pouco existe. Esta é o modelo do saber perfeito, a que aspiramos, sem atingir.

Então, será preciso conformar-se com as outras "Partes da lógica", que o *Organon* (muito mais rico do que se costuma representar) não omitira. O *Proemium* de Tomás de Aquino vem lembrar a existência delas...

* * *

Chego à *Dialética*, que na *Suma* me parece ocupar lugar considerável. E, se a *Suma* também deixa uma parte para a "ciência", não o faz no sentido próprio que o comentário dos *Analíticos posteriores* tivera o cuidado de definir. Em suas outras obras, em que não está em jogo a sua definição, Tomás de Aquino não se absteve de usar também acepções derivadas do termo. Somos obrigados a adaptá-la à nossa fraqueza. Como temos apenas "em potência" o saber perfeito, chamemos de cientistas os semicientistas – *Quoad nos dicitur sciens qui in potestate scientiae est.* Veremos que com frequência Tomás de Aquino distribui o rótulo de ciência à física, à medicina, à política, ao próprio direito – evidentemente, à filosofia: decerto ele vê nisso a vantagem de afastar-se daquele outro erro ao qual poderia nos arrastar a rejeição total à ciência, o ceticismo, não menos perigoso. Mas nesses casos se tratará de ciências incompletas, de segundo grau[2].

Só *Deus* tem o autêntico saber. Seria uma ilusão imaginar que a razão natural do homem fosse capaz de atingi-lo.

---

[2] Que as experiências científicas só têm valor *relativo* do ponto de vista do observador é coisa de que os filósofos tiveram consciência muito antes dos grandes físicos do século XX, ou antes da Escola de Frankfurt, para as ciências humanas. Como veremos, a antiga dialética levava em conta essa verdade.

3

POR QUE QUESTÕES?

Porque a *Suma teológica* não é um sistema *científico*. Essa é a forma que os tratados do tomismo moderno tenderão a lhe conferir, mas mostraremos ser ela estranha às intenções de Tomás de Aquino.

A obra de Tomás de Aquino, longe de ser científica, é constituída por *questões disputadas*, segundo o uso dos escolásticos. Deixou-se de atentar para isso desde que esse método foi deixado de lado, depois de degenerar do século XIV ao XVI. No começo do século XVII, os racionalistas da época moderna apaixonaram-se por Euclides: o gênero medieval da *quaestio* foi substituído por sistemas construídos "geometricamente" (*more geometrico*).

Como o público contemporâneo pode informar-se do método escolástico? Suas leituras não remontam muito além do século XVI. Mas então, e Molière? Rabelais? No *Doente imaginário*, Thomas Diafoirus?[1]

– *Distinguo*, Senhorita. No que não se refere à sua posse, *concedo*, mas no que se lhe refere, *nego*.

Ou em Rabelais, descoberto por *Pantagruel* no catálogo das obras da biblioteca de São Vítor, entre outros títulos do mesmo

---

[1] *O doente imaginário*, II ato, cena VII.

jaez: *Quaestio subtilissima: Utrum chimaera in vacuo bombinans possit comedere secundum intentiones; et fuit debatuta per decem hebdomados in concilio Constantiensi*².

Ora, as *Questões* da escolástica dos séculos XII e XIII encerravam mais bom senso do que os sistemas racionalistas, mais inteligência do que as atuais produções do CNRS*. Julgaremos isso na *Suma teológica*. Mas, para começar, uma vista-d'olhos em suas origens:

HERANÇA DA DIALÉTICA

Primeiro, um retorno ao *Organon*. Devemos nos voltar para a Segunda espécie de discurso distinguida no *Proemium* do Comentário de Santo Tomás de Aquino, à qual corresponde uma segunda "parte da Lógica" (*supra*, p. 25). Lá, era chamada de *Dialética*.

Termo terrivelmente equívoco. Para um homem do século XX, impregnado de Marx ou Hegel, ele lembra coisa bem diferente daquela de que vamos falar. Na Idade Média designava a terceira e mais refinada das artes do *Trivium*, cujo teor é indefinido. Nosso *Proemium* (§ 6, *supra*, p. 25) lhe confere um sentido mais estrito, talvez mais próprio. Lá era definida como uma "parte da Lógica", caracterizada pelos seguintes traços:

1) *Valor de seus resultados* – Em comparação com a ciência, sua marca seria a de não levar a conclusões "necessárias". Ela produz apenas "a opinião", a simples "probabilidade". Suas conclusões só contêm verdade na maioria dos casos, *in plerisque.*

2) *Função* – Enquanto a ciência – continuava o texto – é "judicativa", ou seja, julga sobre o verdadeiro e o falso, a segunda

---

² *Os horríveis e assustadores feitos e proezas do mui famoso Pantagruel, rei dos dipsodos*, cap. 7.

* Centro Nacional de Pesquisa Científica, na sigla francesa. (N. da T.)

parte da Lógica é chamada de "inventiva". A dialética é uma *pesquisa*. Não, repito, no sentido do CNRS, cujas "equipes programadas" e outras "ações temáticas" acumulam fatos e fichas bibliográficas. Pesquisa do "que são" as coisas, mas sem a ilusão de atingir o limite. *Inquisitio – quaerere*. É exercida com base em premissas *interrogativas*, escreveu Aristóteles. – Primeira razão para Tomás de Aquino lhe dar um lugar em seu estudo. Acaso ele não nos levou a entender que o estatuto do homem é a busca da verdade, mais que o repouso da ciência já feita?

3) *Premissas* – Lemos no comentário da *Metafísica* (p. 33) que uma filosofia científica se baseia nos "princípios das coisas"; assim ela se manteria na verdade. Não estando de posse dos "princípios das coisas", a dialética parte de *opiniões*; visões fragmentárias e duvidosas. Era com esse critério que Aristóteles definia a dialética.

4) *Meios: entrechoque de opiniões* – Mas eis uma quarta característica, a mais mal conhecida, mas na qual está o segredo de sua fecundidade "inventiva". Enquanto o intelecto é individual (compreender é ato de cada um em particular), e o discurso da ciência é impessoal, anônimo, a operação dialética é um jogo de vários atores, reunidos em torno de uma questão, ou seja, de uma coisa por conhecer. Isso decorre da definição de Aristóteles: a dialética parte da opinião; é forçoso que, sobre um mesmo objeto de conhecimento, haja opiniões múltiplas, pontos de vista diversos e parciais, disséramos, portanto discordantes. Precisam ser *confrontados*. Comungar, mesclar as visões de uns e de outros, para sair da contradição. Os raciocínios de cada um dos jogadores serão *condicionados* por uma regra comum do jogo, a lógica deve levá-la em conta.

Tomás de Aquino raramente negligenciava a *etimologia*. Dessa vez ela é grega: o verbo grego *Dialegesthai* quer dizer conversar, lembra a *troca* de palavras entre interlocutores múltiplos. Para os filósofos da Grécia, que foram os inventores da palavra, e Tomás de Aquino, que tem o costume de ir às fontes, a palavra dialética implica *diálogo*.

Tocamos aqui numa das causas do declínio da dialética e do esquecimento que nos atingiu de seu antigo significado. A Europa moderna tirou o diálogo de campo. Seus filósofos pegaram o costume de raciocinar sozinhos: Descartes no seu quarto aquecido, Kant ou Hegel professando seus cursos magistrais. Produziram uma sucessão de sistemas *monológicos*. Efeito da invenção da imprensa, já que cada livro costuma ter um único autor?

Mas no século XX os linguistas perceberam de novo que a forma primeira e principal do discurso é o *diálogo*. Aí se constitui a linguagem comum, que todo falante precisa usar; os monólogos, portanto, só poderiam ser uma decorrência. Foi isso que a obra de Francis Jacques veio ressaltar. O monologismo dos tempos modernos erigiu-se sobre as ruínas de uma *cultura dialógica* perdida.

Os clássicos gregos não trabalhavam ao modo de Kant e Descartes. Praticavam em suas escolas a arte da discussão oral. A própria lógica deles tem a marca disso: suas categorias principais (proposição-contradição-refutação etc.) e seu cuidado constante com as distinções semânticas denunciam a experiência do diálogo. Mas de que diálogos? Daqueles diálogos "informais", à moda de maio de 68 ou da Igreja pós-conciliar? Não, a grandeza de Platão está em ter reconhecido a esterilidade de uma discussão sem regras, em ter atacado a *"erística"* – e a *sofística* – e a insuficiência da *retórica* (os monólogos à Górgias eram o foco da mentira). Souberam constituir uma *arte* do diálogo para uso da autêntica filosofia.

Em outras palavras, a *dialética*. Parece-nos que sua função original foi a de criar uma regra do jogo para o diálogo. Por certo essa arte devia assumir formas extremamente diversas, em que às vezes sobrepujava a preocupação com o rigor dos raciocínios de cada parceiro, mas sempre sobre fundo de diálogo. Arte, diz Cícero (*Part. Orat.*, XXIX, 139) do "diálogo cerrado, entrecortado de perguntas e respostas breves"...

Quanto ao *Organon* que a Idade Média conheceu, nele não se encontra nenhum tratado de conjunto sobre a dialética. Talvez dele se falasse de modo menos incompleto nas *Metódicas* de Aristóteles, obra perdida. Os *Tópicos* tratam apenas dos *Topoi*, ou seja, do uso que o dialético deve fazer para alimentar a discussão de "lugares-comuns": peça auxiliar. No entanto, no começo do livro, 1.13, há uma lista dos quatro instrumentos (*Organa*) principais da dialética oposta à Sofística e à Erística, e em primeiro lugar sua definição: para ele, ela continua sendo a arte da discussão praticada pelos Filósofos.

De seu estudo do *Organon* Tomás de Aquino terá extraído esta segunda lição: na falta de uma *ciência*, julgada dificilmente acessível, permanece aberto outro caminho, tão familiar para os filósofos da Antiguidade que por costume eram chamados "dialéticos"; em sua prática, ocupavam lugar tão considerável que a palavra serve para designar a totalidade da Lógica.

SANTO TOMÁS E A DIALÉTICA

A maioria de seus intérpretes contestou que Tomás de Aquino se tenha realmente interessado por ela. Exceção: o padre Isaac defendeu que a "Dialética" é a chave da *Suma*. Mas essa tese não teve sucesso algum. Os tomistas querem, obstinadamente, que a doutrina do Mestre apresente forma científica, como a que eles ditam a seus alunos.

Eis por que somos forçados à prudência, nós que tentamos ler a *Suma* como leitores leigos, sem competência especializada. Aliás, de Tomás de Aquino nada conheço sobre a dialética além de textos curtos e esparsos. Por ensinar teologia e fazer parte de seu programa a consideração da natureza humana, na maioria das vezes ele teve oportunidade de analisar o processo de conhecimento passível de ser observado sobretudo na alma de cada indivíduo. A esse capítulo são dedicados – nenhum tomista o ignora – longos trechos da *Suma*, a *quaestio de Veritate*, o comentário do *De Anima* de Aristóteles etc.

Seria errôneo limitar-se a tanto, e o próprio Tomás de Aquino tinha consciência disso. O livro III do comentário do *De Anima*, em que é feita a análise minuciosa das faculdades, sensíveis e intelectuais, de que cada indivíduo dispõe, termina significativamente com um parágrafo sobre o sentido da audição e nossa aptidão para a linguagem. Porque – diz ele – é pela fala e pela audição que os homens se ajudam uns aos outros (Mariotti, nº 874). Assim, terminando, ele abre uma porta para pesquisas complementares acerca dos aspectos sociais, *dialógicos*, do conhecimento. Embora elas não fizessem parte do programa da Faculdade de Teologia, Tomás de Aquino percebeu claramente que também são indispensáveis.

1) De Aristóteles ele recebera a noção de que o homem é social: no jargão existencialista, um ser condenado a viver "com outros", mas o século XX, que ainda cede ao mito do "estado de natureza" individualista, não está realmente convencido disso. E, assim como os homens estão associados para ganhar o pão e construir cidades, por que o conhecimento deles também não proviria de um esforço *comum*?

Respigo alguns textos: em primeiro lugar, ninguém, sozinho, possui a verdade inteira.

A verdade é uma só no intelecto divino, assim como no intelecto humano derivam várias imagens, como num espelho. O que um vê o outro não vê.	*Veritas intellectus divini est una tantum a quo in intellectu humano derivantur plures similitudines in speculo* (qu. Disp. *De Veritate* qu. I, art. 1, Resp. cf. Ia, qu. 16, art. 6). *Quod unus videt, alius non videt* (*Ev. sec. Math.*, *II.* 160)

E isto é providencial: se Deus fez os homens sociais, é para que se ajudem uns aos outros – "*Homines se ad invicem juvant... diligenti discussione*" (In *Met.*, 287), pela via da *discussão*.

Fórmula várias vezes repetida em toda a obra de Tomás de Aquino: um de seus temas prediletos é que um dos serviços mais nobres para prestar ao próximo seria o ensino (qu. *De Veritate, De Magistro*). É verdade que entre mestre e discípulo não existe diálogo igual. Das relações entre os seres humanos, que não "nasceram iguais e livres", em geral faz parte a desigualdade. Sócrates e Críton não têm direito ao mesmo tempo de palavra. Apesar disso, precisam *dialogar...*

Último exemplo. Uma das noções mais cultivadas na segunda parte da *Suma* (relativa à ação moral) é a do conselho: *consilium*. O conselho está próximo da *prudência*, uma de suas partes integrantes (IIª IIᵃᵉ, qu. 51, art. 1). Seria errôneo imaginar que a prudência deva ser exercida solitariamente. É preciso valer-se do *conselho*. E que quer dizer essa palavra? Etimologia, ou pseudoetimologia...

Conselho, propriamente, implica reunião de muitos. Isso é indicado pelo próprio nome: *consilium* é como *considium*, quando muitos se sentam juntos para conferenciar.	*Consilium proprie importat collationem inter plures habitam – Quod et ipsum nomen designat: dicitur enim consilium quasi considium, eo quod multi consident et simul conferendum*

Por certo Tomás de Aquino restringe o uso da palavra dialética às ciências especulativas (II^a II^ae, qu. 50, art. 4), ao passo que "conselho" remete à vida ativa. Mas nos dois casos, sendo o homem social por natureza, seu elemento natural é o diálogo.

2) Segunda série de razões que poderiam tornar Tomás de Aquino favorável à dialética: as que com tanta frequência impossibilitam a ciência. A verdadeira ciência não tem acesso ao mundo *móvel* da natureza. A Dialética está em condições de fazê-lo. Sobre esse tipo de objeto dispomos de opiniões críveis. Por exemplo, os lugares do "preferível" enumerados nos *Tópicos:* Caberá *preferir* o dinheiro à ciência? Reconhecer a superioridade dos especulativos sobre os homens de ação? (*supra*, p. 6). Vimos anteriormente que Tomás de Aquino trata esses problemas, dialeticamente.

Motivo de ordem mais geral, a raridade da ciência resulta da fragilidade de nossa razão. Sobre problemas filosóficos como: o homem dispõe de livre-arbítrio? Existe ou não direito natural? Deus existe?... não há acordo entre filósofos. Até na Metafísica, cabe crer que ninguém conseguiu dar demonstrações "necessárias". O filósofo se vê obrigado a consignar divergências e a resignar-se à segunda espécie de discurso útil ao estudo, que, justamente, tem como ponto de partida a divergência das opiniões.

O fato é que Tomás de Aquino se absteve de redigir um tratado sobre a Dialética ou de comentar os *Tópicos*. Quando fala do assunto, não é com excesso de entusiasmo. Assim como o *conselho* é prévio à decisão, a dialética seria apenas um momento preliminar ao estudo. Apenas *tentativo*, diz o texto citado antes, de seu comentário à *Metafísica*, em que o filósofo é oposto ao dialético (*supra*, p. 33).

Os "dialéticos" não tinham boa fama. A palavra designava os filósofos, mas com uma nuança pejorativa, porque eles ameaçam destruir toda e qualquer *crença*, religiosa ou moral. A palavra Dialética está degradada. É usada para descrever a arte de discutir de quaisquer filósofos, pertencentes a quaisquer escolas. Muitos deles (tal como Carnéades da Nova Academia), sobretudo os "dialéticos" da Antiguidade pós-clássica, só sabiam usar a discussão para polêmicas indetermináveis, eruditamente conduzidas mas estéreis e, principalmente, caracterizadas pela impossibilidade de *concluir*... Assemelhavam-se à *erística* de Aristóteles: combate desleal, sem busca em comum da verdade. Levavam ao ceticismo: Tomás de Aquino odeia o ceticismo, tanto quanto o orgulho científico.

Ele usa um método ao qual convém mais outro rótulo, significando que ele observa um meio *entre* um e outro.

O gênero questão

Sua invenção é atribuída aos clérigos da Igreja medieval, no início do século XII. Abelardo percebera que ocorre os autores sagrados se contradizerem; uns dizem sim, outros, não: *sic et non*. O canonista Graciano, em Bolonha, reunia uma lista de cânones aparentemente "discordantes" sobre uma mesma "causa", que ele pretendia harmonizar – *concordia discordantium canonum*. O caso dos juristas é semelhante ao dos teólogos. Eles têm o hábito de recorrer a fontes autoritárias: cânones da Igreja, leis romanas, ordenações régias, entre as quais se percebem dissonâncias por resolver. Surgiu o método escolástico da *quaestio*.

Sabe-se que esse gênero desabrochou nas grandes universidades do século XIII. Além das Leituras, que ficaram no princípio do ensino – leituras *glosadas* são as glosas que trazem à tona contradições –, foram instituídas sessões de *disputatio*: discussões orais que reúnem mestres e estudantes. Eram o exercício escolar mais conceituado. Instrumento hoje perdido. O mundo acadêmico moderno só conservou as *Leituras*, ainda designadas em inglês com esse rótulo – na Alemanha, *Vorlesungen*, na França, "aulas magistrais". Mas com a diferença de que, em vez de se ler o texto dos Evangelhos, de Agostinho ou de Aristóteles, agora são ditadas as doutrinas de professores mais ou menos medíocres: neste livro eu arriscaria a apologia da *quaestio*, tal como existia no século XIII, enriquecida pelo conhecimento da Dialética de Aristóteles.

Não que se reduza à Dialética. A Dialética – alguém objetará – aí só desempenha papel auxiliar. Nem por isso deixo de ver a completa realização daquela espécie de Dialética praticada por Aristóteles; expurgada dos erros aos quais sucumbem outros dialéticos. *Com uma finalidade.* – A Dialética, tal como Aristóteles nos parece ter definido, não é uma técnica cultivada por ela mesma, em que se discutiria pelo prazer de discutir. Distingue-se da *erística*. Aristóteles faz dela o instrumento da filosofia, porque considera a filosofia, ao contrário da matemática, uma *pesquisa* permanente.

Série de questões, mas *ordenadas*. As questões aristotélicas não se sucedem ao acaso, seguem um *plano*. Por certo não é o plano em duas partes, fruto do sistematismo moderno, tão bem instalado em nossos costumes universitários que se tornou impossível o professor livrar-se dele.

O mesmo faz Tomás de Aquino na *Suma*. Ele teve o cuidado de se explicar sobre o caminho seguido pelo conhecimento: I^a, qu. 85 *de modo et ordine intelligendi*, art. 3. De início, o espírito tem de cada coisa uma compreensão global confusa, que serve de "princípio", de começo. Depois disso, para adquirir conhecimento distinto de cada coisa, ele a divide em partes e, sobre cada uma dessas partes, faz novas pesquisas. É assim que, como vimos (*supra*, p. 29), progride a operação do silogismo.

A dialética assim manejada, sem pretender, como a de Hegel, atingir o "saber absoluto", pelo menos afasta da ignorância. É capaz de *concluir*. Precisa concluir. Do juiz exige-se uma sentença; e do professor de teologia, que não deixe os alunos na escuridão total. *Concluir*: mais uma vez, cabe restituir à palavra seu sentido originário: *cum-cludere*, encerrar, fechar a discussão. A universidade medieval adotou o meio de concluir. Assim como existe um juiz que preside as controvérsias judiciárias e está encarregado de proferir a sentença, ela instala um *mestre* para cuidar da ordem das discussões e *determinar*, levá-las a termo, formulando conclusões. Acrescenta-se um relatório sumário dos argumentos intercambiados durante a sessão. São "determinações" escritas posteriormente por mestres que entregam os manuscritos.

A *quaestio* mistura dois gêneros. Eu deveria há pouco ter citado todo o comentário de Tomás de Aquino à *Metafísica*, §§ 574 e s., em que são comparadas as obras do dialético e do filósofo. Ali Tomás de Aquino afirma ao mesmo tempo que a dialética é *pesquisa* – essa é sua função primordial (*secundum quod est utens*) –, mas também "ensina", produz uma "doutrina". Acrescenta que, nesse segundo aspecto (*secundum quod est docens*), a Dialética seria "ciência". *Et secundum hoc est scientia* (*ibid.*). Caberá compreender que, no estágio final da conclusão, o mestre mudou de método? Que deixou de lado as "tentativas" da busca dialética para adotar o procedimento de dedução demonstrativa característica da *ciência*? Esse seria para Tomás de Aquino o modelo de um autêntico ensino, segundo a maioria de seus intérpretes. Ele se teria explicado diversas vezes, pois o ensino constitui um de seus temas prediletos. Em *Quaestio disputata de Veritate*, cap. XI: "De Magistro", art. 1 (se o nome "mestre" pode ser atribuído a um homem) – vejamos como ele descreve o papel do mestre: ajudar o discípulo a perfazer o "movimento" dos princípios às suas consequências no qual consistiria a ciência (Mariotti, pp. 105 e s.). A *Suma*, obra didática, pertenceria afinal ao gênero *científico*.

Não acredito. É bom atentar para o fato de que Tomás de Aquino usa na ocasião a palavra "ciência" num sentido secundário, que ele mesmo confessa não ser rigoroso. Ele concordava em dobrar-se ao uso comum, que leva em conta a fraqueza humana (*Quoad nos dicitur sciens qui in potestate scientiae est*); concedia o epíteto de "ciência" a disciplinas científicas apenas pela forma (*ex ipsa forma silogismi "tantum"*) mais que por suas fontes, cujas conclusões, assim como as premissas, não são "necessárias" (*supra*, p. 36).

É o caso aqui. Nesse "movimento" que devem percorrer dos princípios às conclusões particulares, o mestre e o estudante – repito mais uma vez – são obrigados a abeberar-se nas experiências particulares veiculadas pelas *opiniões* lançadas em debate. Como uma ciência pura, impessoal, é incapaz de captar o real (objeto de nossos estudos), carregado de coisas mais ou menos singulares ou contingentes, para tratá-las é preciso recorrer à autoridade pessoal de juízes competentes. Evidentemente, não qualquer um! Mas, tal como diz Aristóteles sobre nossos conhecimentos em moral (*Ét. Nic.*, III 3ª, 34), o *spudaios* torna-se aí "norma e medida da verdade". *Spudaios*, o homem seguro, que reflete; *studiosus*, traduz Tomás de Aquino em seu comentário das *Éticas* (l. III, lectio X – cf., a propósito do julgamento do juiz, IIª IIae, qu. 6º 1.2), cujas opiniões, porém, permanecem permeadas de incerteza.

Com isso, aliás, se justifica a necessidade de um ensino *pessoal*. A doutrina de Tomás de Aquino (que, está claro, merece ser seguida pelos estudantes – pelo menos agora, de modo provisório) deve sua substância aos juízos das "autoridades" introduzidas durante a discussão. E à sua própria autoridade. Os mestres e doutores – naquele tempo – também têm sua autoridade. A força e o teor de suas conclusões *dependem* da aptidão deles para escolher os textos, reduzir as contradições entre estes, harmonizá-los, ordenando-os sob princípios universais, para conduzir adequadamente a discussão. Não existe um momento em que o mestre lance ao mar a bagagem da dialética; até o fim, a dialética é peça integrante da *quaestio*.

O mérito do padre Chenu, em sua preciosa *Introduction à l'étude de Saint Thomas d'Aquin* [*Introdução ao estudo de Santo Tomás de Aquino*], foi ter insistido na onipresença da *disputatio* em seu ensino. Os tomistas não a levam em consideração. Li num artigo recente: "Convém indagar que vínculo esse método *recebido dos séculos anteriores* mantém com o pensamento do Doutor Angélico [...] Não se deve tratar de um vínculo necessário, pois Santo Tomás de Aquino não sente necessidade de recorrer sistematicamente à *quaestio* [...] Santo Tomás de Aquino ultrapassa a dialética da *quaestio* para descobrir causas e princípios fundadores de uma *ciência* [...]" (grifo meu)[3]. Com isso não concordo em absoluto: as principais obras de Tomás de Aquino adotaram todas a forma da *quaestio*: truncada embora, na *Summa contra gentiles*, que é principalmente obra de refutação da heresia e do paganismo, completa no *Comentário das sentenças* de Pedro Lombardo e total nos produtos mais refinados de seu ensino, as *Quaestiones disputatae*, sem falar dos *Quodlibeta*, relatórios mais ou menos sumários de questões discutidas na escola sobre assuntos livres. À medida que seu conhecimento de Aristóteles se aprofundava, ele dominava melhor esse método. Ele penetra até o âmago dos grandes comentários de Aristóteles (o gênio de Aristóteles já era dialético).

---

[3] *Archives de philosophie du droit*, 1884, p. 80 (de Michel Bastit).

Mas sua obra-prima, à qual mais recorreremos, é a *Suma teológica*. Nela, ele optou pelo gênero da *quaestio*. A *Suma* inteira é uma longa pesquisa dialética ininterrupta, metodicamente organizada, segundo a ordem da pesquisa.

Nesse ponto, porém, seguirei o exemplo de Platão. Quando, no tratado da República, se propôs entender em que consiste a Justiça, antes de ter visão total no interior da pólis, ele começou a observar "em letras minúsculas", no indivíduo – nossos olhos míopes têm menos dificuldade para enxergar nele. Assim farei, ao analisar o procedimento da *quaestio* nessa célula elementar da *Suma*, que é o *Artigo*.

4
LEITURA DO "ARTIGO"

Tentaremos usar um exemplo. Escolho uma página ao acaso, abrindo a *Suma* bem no meio[1]. Não totalmente ao acaso. Pois é preciso cumprir nosso contrato. Um *artigo* relativo ao *direito*. Mais exatamente, ao *julgamento*: II^a II^{ae}, qu. 60 – *De Judicio*, art. 5. O *judicium*, para Tomás de Aquino, sempre atento à etimologia das palavras, no sentido primeiro é o ato do *juiz* encarregado de dizer o direito (*jus-dicere, ibid.*, qu. 60, art. 1 *resp.*). Não se trata do juízo do lógico. Mas vamos matar dois coelhos com uma cajadada – tentando verificar se a *quaestio* escolástica é testemunho do obscurantismo ou se não teria constituído um incomparável instrumento de estudo.

1) FORMULAÇÃO DO PROBLEMA

Afinal, deve-se ou não julgar segundo as leis escritas?

Utrum sit semper secundum leges scriptas judicandum (II^a II^{ae}, qu. 60, art. 5).

Primeira linha, correspondente ao primeiro momento do procedimento, tal como codificado desde a Antiguidade por retóricos e dialéticos: *Ponere causam*. Definir o assunto da controvérsia.

---

[1] Texto reproduzido no Anexo I, p. 181.

Reconheça-se que se trata de um tema essencial à teoria jurídica. Ouvi muitíssimas discussões sobre ele, com dois lados em oposição. 1) De um lado, os maníacos do *Código* ("Direito é Código", ensinava Beudant), os adversários da "equidade de nossos Parlamentos", a escola francesa da exegese, os seguidores do "formalismo", eles são legião em torno de nós – eu poderia citar nomes próprios. Definiram o julgamento como "aplicação da lei". 2) No lado contrário (crescente desde o início do século XX), exalta-se a *jurisprudência*: a escola "do direito livre", Perelman, os realistas americanos ou escandinavos e tantos outros, com obras intituladas: "papel criador da jurisprudência", "poder normativo do juiz" etc. Tomás de Aquino tratava de um problema que, mais que nunca, está na ordem do dia.

Então, nessa primeira linha, nada há de original? Não seria possível colher nela nenhuma lição? Extrairei três:

Comentário metodológico

1) Consideremos o *assunto*. Não "o poder criador" do juiz (será verdade que todo direito é "criado" pelo homem?). Tomás de Aquino teve o mérito de dar nome aos bois (ainda que em latim): "Será preciso que a sentença obedeça ao texto da lei, ou pode às vezes libertar-se dele?"

Assunto delimitado – o que hoje se tornou muito raro. Não digo que já não se discuta, pois não faltam colóquios, mas não se sabe bem sobre o quê. Falo dos colóquios de filosofia jurídica, com títulos vagos, indefinidos: "jurisprudência – fontes do direito", que possibilitam a cada um apresentar seu monólogo pessoal. Era do *Monólogo*. O monólogo pode divagar como um romance ou modelar um assunto conforme sua fantasia. O monólogo prescinde de assunto.

O *Diálogo* o exige, quero dizer, o diálogo organizado do dialético. *Ele não existe* sem uma pauta comum. Não pode nascer diálogo fecundo sem este primeiro momento: *ponere causam*.

E que todos aceitem suas consequências. Primeira regra desse jogo para várias pessoas: não se deve fugir ao assunto; todas as expressões irrelevantes serão descartadas terminantemente. Regra de *pertinência*. Será excesso de método?

2) Ele tem forma de *pergunta*, ou proposição interrogativa; constitui "premissas dialéticas", segundo Aristóteles. A cultura moderna perdeu de vista a arte do *questionamento*. Parimos "resenhas", dissertações, "tratados", "teses" sobre alguma "matéria", expondo grande quantidade de fatos e de soluções. Lembro-me da exclamação de Gabriel Le Bras: "Todas essas teses de historiadores me cansam! Quantas soluções, nenhuma pergunta!" A pergunta tem a vantagem de intrigar, ao passo que, conforme ele dizia, é espantoso como essas respostas nos deixam indiferentes!

Só o *questionamento* em filosofia está à altura do homem, se coaduna com a sua condição, que, repito, é o não-saber. Filosofia é inquietação. Um artigo da *Suma* nos arranca à sonolência, enquanto os "tratados" do tomismo moderno só são capazes de emanar um pavoroso poder de tédio.

Com ele as respostas terão sentido. Regra de hermenêutica: todo enunciado só tem sentido em relação a alguma pergunta. É melhor que ela seja explícita.

Esclarecendo: nesse artigo, estamos lidando com um *problema*. O problema – dizia Aristóteles (*Tóp.*, I.4), constitui uma das duas espécies de "premissas dialéticas", feita da reunião de duas proposições, afirmativa e negativa, relativas a uma mesma causa – *Utrum*: Afinal, deve-se ou não (*sic aut non*) julgar sempre em conformidade com as leis escritas? O *Problema* hoje está morto; sinal disso é que, na língua da televisão, essa palavra passou a designar decepções amorosas, estados depressivos, ondas de frio ou "engarrafamentos"...

Ele nascia da discordância de opiniões sobre um mesmo tema, pois assim realmente se move a razão humana: quando faltam os axiomas necessários à produção de uma ciência autêntica, os homens são obrigados a viver entre crenças. A razão deles só começa a se movimentar quando surge uma diversidade de crenças. Se todos estão de acordo sobre alguma coisa, ela não causa *problema*, todos se limitam a seguir a crença comum.

Donde a seguinte consequência: as respostas da *Suma* serão *relativas* aos problemas controversos. Sem constituírem um sistema. Não teremos a ciência divina, que é universal, mas conhecimentos dispersos, à altura do intelecto humano, situados em relação a nós, *quoad nos*.

3) Última observação. O problema enunciado é sobre alguma *coisa (supra*, p. 39): aqui, a natureza do *julgamento*, objeto de toda a *quaestio* 60 (*Deinde considerandum est de judicio*). Nossa tradução, que pode ter surpreendido, destacava isso, porque há risco de confusão.

O leitor moderno é um pragmático; a única questão que lhe interessa é utilitária; como julgar? Não se concebe outro propósito senão o de prescrever um comportamento ao juiz. Mas a intenção de Tomás de Aquino não é ditar a conduta dos juízes, bancar o diretor de consciência, como farão os escolásticos e casuístas do século XVI. Verificaremos em breve que as conclusões do artigo têm pouco interesse *prático*. A *Suma* é obra *especulativa*, limita-se a formular essas questões de ordem especulativa a que nos desacostumamos: o que *é* um julgamento? Em geral. Estão fora da questão as contingências nas quais é exercida a prática do juiz, que dirão respeito à prudência e sobre as quais não existe conhecimento teórico.

Por isso, o problema que vamos resolver é ao mesmo tempo atual e muito antigo; Tomás de Aquino não o inventou. Já havia menção a ele em quase todos os tratados de Retórica da Antiguidade, a propósito do gênero judiciário: *pro scripto* ou *contra scriptum*... reunindo uma multidão de *opiniões* de épocas muito diversas.

2) OBJEÇÕES

Segunda peça, frequentemente sacrificada pelos intérpretes contemporâneos, que os editores de Salamanca nos séculos XVI e XVII (*salmanticenses*) tinham pura e simplesmente escamoteado. Mas essencial.

Na verdade trata-se apenas de uma explicação do título. É desenvolvido com a produção daquelas proposições divergentes, das quais nasceu o problema. *Objeções*, palavra que significa opiniões *lançadas* no debate em face do problema (*objecta*). *Pró e contra, de um lado e de outro* (cf. III^a, qu. 64, art. 3, *utraque pars objectionum*). As traduções em língua francesa, por exemplo, a da *Revue des Jeunes*, levam a crer que só a primeira série de argumentos mereceria o nome de objeções; falsas *aparências* destinadas a ser refutadas. A partida seria jogada de antemão. O esforço dos tomistas é por alijar da questão a *dúvida*, na qual a série de objeções, ao contrário, quer nos mergulhar (M. D. Chenu, *op. cit.*, p. 79).

Primeiramente um texto de *Isaías*, sobre a existência de leis "iníquas"; o julgamento lhes obedeceria? Outro, de *Aristóteles*, que destaca o caráter *geral* das leis; as sentenças dos juízes sempre se referem a casos individuais aos quais uma fórmula geral poderia ser inadaptada. A seguir, um *lugar-comum*, que poderia remontar a Platão, "O legislador varia, louco é quem nele confia". No século XIX ele previa a reclusão para mulheres que abortassem; diante do estado atual de nossos costumes, ele mudou de ideia...

Para o lado contrário, uma sentença de *Santo Agostinho*, legalista: "Discute-se o conteúdo dos textos, antes de os propor; mas, depois de feitos, são aplicados." Eu teria esperado no mesmo sentido esse argumento da *Retórica* de Aristóteles, ao qual Tomás de Aquino frequentemente se refere: como o quociente médio de inteligência dos juízes é medíocre, e os mais jovens carecem de experiência, com o risco de que seus julgamentos sejam passionais, é necessário guiá-los e submetê-los à observância de leis meditadas por uma elite competente de legisladores (Iª IIae, qu. 95, art. 1).

Diante dessa discordância manifesta-se a perplexidade do ouvinte.

Comentário

Segundo a doutrina de Aristóteles (*Tóp.*, I. 13), o primeiro e mais necessário dos instrumentos (*Organa*) da dialética consiste em *escolher* opiniões dignas de discussão. Não se tem confiança em qualquer um.

1) *Diálogo dos mortos* – Essas autoridades são *antigas*, todas extraídas da Antiguidade, bíblica, grega, romana patrística; a saber: Isaías, Aristóteles e Agostinho.

É regra no século XIII. Estavam excluídas da discussão as "autoridades magistrais", ou seja, os mestres contemporâneos da Universidade. Não se deve dar muito crédito às doutrinas dos contemporâneos. O prestígio deles deve-se ao fato de ocuparem altos cargos, de terem poderes, distribuírem créditos de pesquisa.

Critérios medíocres. É improvável que Jacques Monod ou Michel Foucault valham Isaías ou Aristóteles. Esperemos o veredicto da posteridade. Em minha Faculdade praticamente só são lidas as publicações da última década. Sintoma da fascinação exercida pelo modelo das ciências positivas experimentais. As ciências exatas e as técnicas progridem a cada ano; as obras antigas ficam ultrapassadas. Mas por que essa mania de imitar cientistas e técnicos em filosofia?

2) Santo Tomás de Aquino escolheu autores extraordinariamente *diversos*. Nada de diálogo sem divergências, e divergências sobre os princípios. Não é o que ocorre com a maioria dos colóquios para os quais somos convidados. Quando não tratam do "futuro", tratam do pensamento contemporâneo, Kelsen, Hart, Bobbio, Rawls, Luhmann... Todos autores criados nas mesmas bitolas, atolados nos mesmos *princípios* de "modernidade", que só se opõem em relação às suas consequências.

No século XIII, as informações são menos monótonas. A Antiguidade abrange um leque muito amplo de modos de pensar. Entre o profeta Isaías, o pagão Aristóteles e Santo Agostinho, prodigiosa disparidade de situações e pontos de vista. A própria linguagem dessas "autoridades" (Bíblia, filosofia, patrística) difere de modo *radical*. O século XIII tinha senso de dialética.

3) Caráter peculiar da *Suma teológica* é o de aduzir *poucos* autores. Será preciso continuar na comparação com a superabundância de referências com que as produções acadêmicas contemporâneas nos submergem? Essa intemperança bibliográfica é herança da escolástica dos séculos XVI e XVII. Que se abra uma *quaestio* de Suarez: desfila uma lista interminável de citações (frequentemente falseadas), inclusive dos Mestres, dos colegas. O *Herr Professor*, em primeiro lugar, faz questão de mostrar que leu; esmaga o espírito crítico sob a massa de sua erudição.

Nesse artigo são aduzidos apenas *três* autores. Por quê? Tomás de Aquino ignora "a história das doutrinas". Importa-lhe a verdade das coisas. *Studium philosophiae non est ad hoc quod sciatur quid homines senserint, sed qualiter se habeat veritas rerum.* Adágio dedicado aos professores de filosofia da Sorbonne.

O que é um *julgamento* digno desse nome? A dialética gira em torno de uma *coisa* (*causa*), centro de interesse ao redor do qual se reuniram os parceiros da discussão. Dele, cada indivíduo só percebe de início um aspecto (*supra*, p. 42); para obter uma visão menos fragmentária, o método consiste em olhar de todos os lados, a partir de pontos de vista múltiplos; em transportar-se sucessivamente para os diversos postos ou *lugares* dos quais a coisa pode ser vista. Essa nos parece ser uma importante preocupação de Aristóteles, em seus *Tópicos*, e talvez a etimologia da palavra *Topos*, lugar retórico.

Deve ser suficiente, portanto, um pequeno número de autores representativos, escolhidos não para honrar suas personalidades (pois estão mortos, e não há vantagem nenhuma em lisonjeá-los), mas por seu valor heurístico. Esses textos têm valor de pretextos.

Nada se aproveita da crítica que os "filósofos" do Iluminismo fizeram ao uso escolástico das autoridades. Há necessidade de autoridades: deixar-se a ilusão de que a filosofia se deduz do *cogito* ou se induz de "fatos científicos". Eis o fato elementar: quase todos os nossos conhecimentos nos vêm de outrem, de ouvir dizer. A opinião dos outros constitui o ponto de partida de nossos estudos. Precisamos dar crédito aos outros. Mas não a qualquer um. Foi uma precaução de bom senso medir previamente o grau de confiança que cada um merece; *escolher* as autoridades. Em vez de fazer de conta que está construindo um conhecimento impessoal, designá-las por seus próprios nomes, Isaías, Aristóteles ou Agostinho. Raciocinar sobre opiniões realmente sustentadas e situadas.

Os racionalistas, além do mais, cometeram o pior dos contrassensos ao atribuir aos escolásticos da época de ouro uma sujeição cega às autoridades. Em bom latim, a *auctoritas* (por exemplo, jurisconsultos), por definição, é relativa; o contrário de um *Diktat*. *Auctoritas* se opõe a *potestas* ou *imperium*. No texto que comentamos, as autoridades são múltiplas, diversas, divergentes, lançadas no debate para serem *discutidas*. Tomás de Aquino não será escravo delas. Segundo a máxima de Boécio, ao chamado argumento "de autoridade", baseado no prestígio de um autor, ele atribuía a menor força de todas: *Locus ab auctoritate infirmissimus* (Iª, qu. 1, art. 8). Ele teve o cuidado de avisar já no começo da *Suma*.

Devemos reverter a acusação feita a Tomás de Aquino contra seus detratores, nossos contemporâneos. Eu lhes aconselharia ver a *trave* que está em seus olhos. Eles é que realmente são escravos da autoridade das doutrinas que estão na moda (e se acham dispensados de ler outras coisas), da pseudociência oficial. A idolatria da Razão e, mais tarde, das ciências positivas mergulhou a cultura moderna num conformismo desconhecido pela Antiguidade e pela Idade Média. Será isso pintar um quadro muito negro? Se eu estivesse preparando um exame de *agrégation**, tenho certeza de que a autoridade das bancas universitárias (autoridade no sentido moderno) me impediria de preferir o comportamento de Tomás de Aquino aos métodos científicos alemães.

3) MEIOS DE RESOLVER

Agora, a terceira parte do artigo, que se costuma chamar *Corpus*, o *corpo* do artigo – como se o restante não passasse de roupagem inútil. Os editores de *Salamanca* no século XVI na verdade só mantiveram o corpo do artigo. Ainda hoje os leitores apressados se contentam com isso. Em nossas traduções francesas tem o nome de "resposta" (mas é só o início da resposta) ou "conclusão".

Não vejo nenhuma "conclusão". Conclusão é o que encerra, o que terminará em breve o artigo. Nesse momento do procedimento, Tomás de Aquino não chegou a isso. Ainda precisa descobrir os *instrumentos* da resposta.

---

* Mais ou menos equivalente a um mestrado. (N. da T.)

Por algum tempo, o mestre se distancia da causa do artigo; lança no debate uma nova série de textos, extraídos de outras partes da *Suma*, que tratavam de assuntos mais amplos.

Trata-se de três definições:

1) *Julgamento*, extraída do artigo 1 da mesma questão 60: julgamento, como vimos, é o ato do juiz que diz o direito.

2) O que é *direito* (ou "justo"). Tratado, na mesma II^a II^{ae}, pela questão 57, art. 1, e artigo 2, distinguindo-se duas espécies de direito: direitos natural e positivo.

3) Em relação ao justo e ao direito, a função da *lei escrita*. Essa terceira fórmula é nova. Por certo Tomás de Aquino apresentara, na I^a, II^{ae}, um *Tratado das leis*, mas elas eram vistas numa perspectiva diferente. Quase não tratara de textos *jurídicos*. Só aqui ele dá uma definição precisa. O papel delas é ou expressar o direito natural ou forjar o direito positivo. Essa parte central do artigo apresenta o meio de resolver.

Comentário metodológico

Enumerando os instrumentos da Dialética, os *Tópicos* de Aristóteles (I.13) prescrevem, depois da escolha das autoridades, a análise do *sentido* dos principais termos implicados na discussão. É um exercício familiar ao autor da *Suma*. Que o realiza com método.

Lembremos que a ordem do conhecimento prescreve que se parta de uma percepção confusa do *Todo*, progredindo por meio da divisão e da observação das partes (*supra*, p. 46). Por isso, encontramos inicialmente *definições gerais* de lei e julgamento: do sentido dessas palavras (e das coisas que essas palavras devem refletir – da *causa* debatida) elas dão uma primeira visão global, menos incompleta e parcial que a apresentada pelos adversários no começo da discussão. Ainda muito abstrata e indistinta. Servirá de ponto de partida.

Há muito mais, porém. As definições de Tomás de Aquino são de uma espécie bem diferente das definições científicas dos modernos. Tomás de Aquino define a lei e o julgamento pelos *fins*, pela causa final ou *forma* acabada, aquilo que deveriam ser, perfeita expressão do justo. Finalidade que, na prática, eles quase nunca atingirão. As "objeções" tinham o objetivo de fazer lembrar: existem leis iníquas, que pecam pelo excesso de generalidade ou se revelam inadequadas, porque as circunstâncias mudaram. Como todas as coisas da natureza, a lei e o julgamento oscilam entre "potência" e "ato". Sempre em vias de aperfeiçoar-se ou de corromper-se. Passam por múltiplos estados. Por esse motivo, as palavras que os designam deverão ter vários sentidos.

O texto já citado dos *Tópicos* (I.13) convidava o dialético a "distinguir os sentido diversos" com que esta ou aquela expressão pode ser entendida. A grande maioria das palavras "pode ser dita de múltiplos modos": *Legetai pollakôs*, não para de advertir Aristóteles. *Multipliciter dicitur*, escreve Tomás de Aquino. Todas as coisas podem ser percebidas sob diversos aspectos, segundo este ou aquele ponto de vista (*secundum quid*). E é uma fonte de equívocos. Quando, num diálogo, surgem contradições, pode-se apostar que elas decorrem de *mal-entendidos*; do fato de que uma expressão foi tomada em vários sentidos pelos diferentes interlocutores. Por isso na dialética, para resolver as contradições, não há meio mais indispensável que a análise da linguagem. Cumpre reconhecer e organizar a multidão de acepções contidas no termo em litígio e discernir as razões de sua discordância. Nisso Tomás de

Aquino tira proveito dos *Tópicos*, das *Categorias*, das *Metafísicas* de Aristóteles.

Embora o texto de nosso artigo seja muito elíptico (um dos méritos da *Suma*, que constitui – ouso dizer – sua elegância, é a brevidade), o leitor dotado de alguma inteligência – e os havia no século XIII – já terá percebido que o sentido das palavras *lei* e *julgamento* é naturalmente elástico. Se tivéssemos adotado por princípio as fórmulas rígidas produzidas pelo espírito científico moderno (lei é um texto promulgado pelo Parlamento – e julgamento é a decisão à qual de fato se detêm os juízes), chegaríamos a consequências totalmente diferentes.

4) CONCLUSÕES

Último ato da *quaestio*: Concluir; é a regra do jogo. O Mestre admite um termo, "determina"; não deixa os estudantes no ceticismo. De modo semelhante ao juiz, ele vai *encerrar* com um julgamento.

São *as* conclusões. Palavra no plural. Até agora os editores franceses da *Suma* (não sei o que ocorrerá com a nova tradução em andamento), seguindo a moda inaugurada pela escolástica espanhola, fazem de conta que a questão recebe uma resposta única que tem pelo menos valor de "princípio", a não ser que depois sejam admitidas algumas exceções. O exemplo mais nítido é o da Edição Blot, da Province des dominicains de Toulouse. No índice, depois do enunciado de cada problema, é posta a sigla A ou N (afirmativo ou negativo). Em nosso artigo, a letra A significa que a conclusão é afirmativa: *Sim*, a sentença judiciária deveria *sempre* estar em conformidade com a lei escrita. Motivo de júbilo para os legalistas. Estes não faltavam outrora na Igreja.

É falso. Está claro que as conclusões são *plurais*. Conto quatro delas, cada uma introduzida pela fórmula: *Et ideo*:

1) A primeira, no *Corpo* do artigo. Terceira linha antes do fim:

E, por conseguinte, é necessário que o julgamento seja feito segundo o texto da lei	*Et ideo necesse est quod judicium fiat secundum legis scripturam*

É a única acatada pelos editores, ainda que seu interesse prático, como se verá, esteja próximo de zero. Eu gostaria muito de dar prioridade a essa primeira resposta. Ela decorre da definição de lei dada de acordo com a causa final. E, claro, imaginando que o legislador tenha atingido o termo; que seu texto diga ou institua (no caso do direito positivo) o justo de maneira adequada. A consequência lógica seria que o julgamento justo deveria coincidir com esse texto.

Mas será de crer que Tomás de Aquino se tenha dado o trabalho de discutir tão conscienciosamente para só colher numa *tautologia*? Ociosa, além do mais. É improvável que um texto legislativo venha atingir essa forma. Cayetano, no século XVI, enunciou o seguinte princípio de interpretação: *Semper Divus Thomas formaliter loquitur*. Não sei muito bem como traduzir: Terá desejado dizer que "o divino Tomás" só tinha interesse pelas "formas", ou seja, pelas coisas que se supõem chegadas à perfeição? Não! Tomás de Aquino também considerava as coisas tais quais são, móveis, tendentes a fins, mas de fato distantes deles.

De uma definição da lei como ela deveria ser não pode ser deduzida a competência para reconhecer as leis *tais quais são*. Não acusemos Tomás de Aquino desse absurdo. É melhor buscar suas conclusões substanciais no fim do artigo. Nosso método de interpretação é ler não só o *Corpus*, cujo papel é auxiliar até a conclusão, inclusive, mas sim a totalidade do artigo.

2) Ad primum

Que fará o juiz diante de leis injustas? Tais leis existem. *Isaías* era testemunha disso. Poderíamos prescindir de seu testemunho, escolher outros exemplos recentes. Mesmo sem chegarmos às leis hitleristas racistas, há muitos artigos do Código Civil francês: o artigo 544 sobre o absolutismo dos direitos do proprietário, ou o 1.134 sobre a pretensa onipotência das convenções etc.

Conclusão: Visto que o julgamento tem a função de indicar a solução justa, convém transgredir as leis quando elas são injustas. *Et ideo secundum eas non est judicandum.*

3) Hipótese ainda mais frequente é a indicada por Aristóteles. (*Ad secundum.*) Uma deficiência das leis, mesmo quando retamente concebidas, *rectae* – infelizmente, é de se temer, de *todas* as nossas leis –, está na *generalidade*. "Todo depósito deve ser restituído." Se o seu vizinho lhe confiar uma arma em depósito, mas entrementes ficar louco, a arma não deverá ser restituída. O juiz se abstém aqui de observar a *letra* da lei e, com essa mesma liberdade, salva o espírito da lei: *Et ideo in talibus non est secundum litteram legis judicandum.*

4)

E por isso dispensa-se a resposta à   *Et per hoc patet responsio ad* terceira [objeção] (Pois teria sido a   *tertium* mesma, ou seja, negativa).

Receio até que as "exceções" sejam mais frequentes que a pretensa regra.

Comentário

E agora, chegados ao termo, poderemos julgar pelos frutos o método da *quaestio*.

Reconhecida a variedade das conclusões, o leitor poderia perguntar *se esse artigo de Tomás de Aquino serve para alguma coisa*. Não dá resposta bem definida. Não há: sim ou não, *sic aut non*, mas os dois juntos: *sic et non*, dizia Abelardo. Da definição imposta pela etimologia, o julgamento visa a ser justo, concluímos ao mesmo tempo que ele se conforma à lei escrita, e que dispõe de excelentes razões para infringi-la.

Destino quase fatal da *quaestio*; depois de acolher objeções contraditórias, cumpre reconhecer em cada uma sua parcela de verdade. *Utraque pars objectionum secundum aliquid verum est* (III^a, qu. 644, art. 3) – *Utrumque vere opinatum fuit... et secundum aliquid utrumque est verum* (II^a II^{ae}, qu. I, art. 2) etc. Tivera-se o cuidado de escolher bem as "autoridades"; cada uma tem oportunidade de ter razão. A determinação do Mestre tem menos o papel de *refutar* uma das duas teses antagonistas e mais de as *conciliar*, coordenar.

As conclusões perpetuam nossa perplexidade. Imaginemos a situação do juiz: ele deve ou não seguir a lei? Desse texto ele poderá extrair argumento num sentido ou noutro. A maioria das questões da *Suma* é passível de ser explorada tanto a favor da ordem quanto da anarquia. Seus intérpretes não se privam disso.

O mínimo que se pode dizer do juiz é que Tomás de Aquino não facilitou seu trabalho. Ele gostaria de proferir uma boa sentença e a cada processo será obrigado a verificar se a lei existente é justa, se está adaptada ao caso etc. A resposta da *Suma* deixa-o na incerteza. Precisará de conselho, recorrer ao *consilium*, que é *considium*, de novo procura em grupo, quase dialética (*supra*, p. 43). A discussão recomeçará. Seu problema prático não está resolvido.

As doutrinas inventadas desde então, ensinadas por nossas teorias gerais do direito, são mais cômodas. O positivismo dita aos juízes a estrita observância da lei. Os realistas americanos, uma absoluta liberdade em relação aos textos. Soluções bem definidas!

Pois bem! Essa vagueza, esse inacabamento me parece o primeiro mérito da resposta de Tomás de Aquino. Ela não exige demais da teoria. Conforme destacava nossa tradução, creio que fiel ao texto em latim, sua interrogação recaía na natureza do julgamento: o que é um autêntico julgamento em relação à lei escrita? E não: que conduta recomendar ao juiz? A esse tipo de questão a filosofia seria incapaz de responder.

Cada um no seu ofício. O dos filósofos não é de dirimir processos. É preciso deixar alguma coisa para os juristas fazerem; e o ofício deles também é intelectual, *pesquisa* viva, contraditória, dialética – não o *repouso* nas soluções prontas de uma ciência acabada.

Disso não cabe concluir que as respostas, *especulativas*, da *Suma* fossem inúteis. Porque, embora – ao contrário do pragmatismo dos modernos – os clássicos soubessem distinguir entre vida especulativa e vida ativa, não o faziam para instituir separação entre elas. Quando discutirem se convém obedecer ou não à lei, em dado processo, os juristas poderão extrair da *Suma* um catálogo ordenado dos pontos por debater: possível injustiça da lei (a não ser que se disponha de uma definição de justo e injusto e de um método apropriado de distinção do injusto, e para isso servirão outros artigos). Eventual inadaptação da lei geral ao caso singular. Modificação ocorrida nas circunstâncias que autorize a presumir uma mudança nas intenções do legislador. Se o objetivo da lei é expressar o direito natural ou "instituir" "direito positivo".

Esse é o resultado da *quaestio*. Os tomistas sem dúvida pegaram o costume de fazer uma leitura muito diferente: em cada artigo Tomás de Aquino defenderia uma tese, indicada já no título; no *Corpus* faria sua demonstração – nada mais faltando, em seguida, senão demolir os argumentos dos adversários.

Não terei a presunção de dizer que estão absolutamente errados. Nem todos os artigos da *Suma* têm estrutura idêntica. Tudo depende da espécie de questão formulada:

a) Seria possível encontrar na *Suma* trechos de apologética, ocorre questionar-se um *artigo de fé* definido como tal pela Igreja. Como a autoridade da Igreja romana, em matéria de dogma, é absoluta, a solução não deixa dúvidas. Os argumentos dos adversários serão integralmente refutados. Nessa hipótese – parece – teríamos apenas um simulacro de *disputatio*.

b) Não é muito diferente o caso de uma segunda espécie de causa, cujo conteúdo é filosófico. Tomás de Aquino muitas vezes dá a impressão de interrogar sobre o valor de uma máxima tradicional, que em geral ele tem o cuidado de vincular ao ensino de Aristóteles – "Convirá" ou não adotá-lo? Também aí o jogo está feito. O leitor prevê a resposta. É máxima a probabilidade de ser positiva.

Mas por quê? Porque no caso *a discussão já ocorreu*, conduzida pelo próprio Aristóteles, que quase sempre discutia as teses de seus predecessores antes de "resolver" e formular suas próprias conclusões. Sua doutrina já procedia de uma pesquisa dialética. Ora, para que recomeçar a pesquisa do zero, questionar tudo de novo? Tomás de Aquino está bem ciente de que o conhecimento filosófico é obra social e comum (*supra*, p. 42), de que convém aproveitar o trabalho feito por outrem. Toda vez que as conclusões de Aristóteles parecem firmemente estabelecidas e não contraditas pela Sagrada Escritura, basta reafirmá-las, a não ser que seja preciso *defendê-las* do esquecimento em que foram mergulhadas pela incultura da alta Idade Média[2].

---

[2] Exemplos, pp. 114 e 139.

c) No entanto, nos próprios exemplos em que Tomás de Aquino se limitou a tirar vantagem da tradição, dissimula-se um verdadeiro problema. A razão é evidente. Porque como justificar um texto de Aristóteles? De que se trata? De *compreendê-lo* – o que está longe de ser dado a todos, que não é dado à massa dos professores, que dele só ficaram com a letra e lhe atribuem coisa completamente diferente do que ele pretendia expressar. Para recuperar seu sentido, deve-se começar por confrontar as reações de seus aparentes adversários, que são modos diversos de interpretá-lo. Impõe-se a via da dialética. O mesmo se observe sobre "artigos de fé" cristã, que são obscuros, sendo função do teólogo não tanto fazer sua apologia quanto torná-los inteligíveis[3].

d) É preciso dizer mais: três quartos dos artigos da *Suma* são *questões* no sentido pleno da palavra: nelas, já de saída, estamos perdidos no labirinto de contradições. Nossa perplexidade é bem real. Que não me respondam que para sair delas Tomás de Aquino dispõe de *princípios*; por exemplo, no artigo comentado, as definições gerais de lei, direito e julgamento, descobertas por Aristóteles e aceitas em Roma; o valor de tais princípios é de fato inconteste. Mas repito que são abstratos demais para que deles se deduza a solução[4]. É preciso preenchê-los com outros conhecimentos extraídos de opiniões (pois às coisas só temos acesso por intermédio das opiniões), do entrechoque dessas opiniões. Daí provém a resposta. Sua parcela de verdade depende da maneira como se soube formular o problema, fazer um apanhado mais ou menos completo dos pontos de vista por considerar e proceder à discussão. A solução não é completa nem definitiva. Já de saída uma incerteza que nunca será totalmente dirimida, pois a dialética nunca chega a certezas...

---

[3] Adiante, p. 81.
[4] Exemplos pp. 29, 119, 162-3.

Foi isso que a maioria dos comentadores obnubilou. Formados no espírito científico e no dogmatismo clerical, os tomistas convertem a *Suma* em sistema fechado de verdades: *Philosophia perennis*. Com o risco de falsificar os textos com divisões, acréscimos e traduções falaciosas, de escamotear três quartos do artigo (já leem praticamente só o *corpo* do artigo, que se transformou em "conclusão"). Disso eu acusaria até os maiores, Etienne Gilson – *Le Thomisme ou Introduction à la philosophie de Saint Thomas* [*O Tomismo ou Introdução à filosofia de Tomás de Aquino*]. Excelente livro, mas cujo título teria assustado Tomás de Aquino; seu ensino não pretendia ser pessoal, e ele mesmo não quis vincular-lhe seu nome.

Doutrina anônima, tarefa perseguida através dos séculos, que não tem autor singular. Mais tarde surgirão cartesianismos, spinozismos ou hegelianismos – não existe tomismo.

Santo Tomás de Aquino não é o único autor de suas próprias obras. Afinal, a resposta dada ao artigo que acabamos de estudar apresenta-se pelo que é: tradicional. E sem excluir que no futuro outros podem participar da pesquisa, enriquecê-la com novos pontos de vista e corrigir suas soluções: *Dialectica perennis*.

Questionamento que percorre a *Suma* inteira; não só anima cada artigo, como também prossegue de um artigo ao outro, de uma parte à outra da *Suma*. Que veremos em ação no primeiro ato com o qual deve ter início a busca...

5

A TEOLOGIA CATÓLICA DEVE OU NÃO ABRIR ESPAÇO PARA A FILOSOFIA PROFANA?

Eis aí uma primeira indagação de alcance geral que, formulada já no início da *Suma*, não deixará de se fazer presente na obra. O primeiro meio da dialética (a sequência depende dele) é a escolha das autoridades: serão elas sagradas ou profanas? Primeiramente trataremos da questão historicamente, tal como se apresentava no tempo de Tomás de Aquino.

PRIMÍCIAS

1) As escolas da Idade Média são instituições eclesiásticas. Na origem, suas finalidades foram sobretudo ensinar a *doutrina cristã*. O plano delas inspirou-se na obra de Agostinho, *De Doctrina cristiana*.

Nelas eram *lidos*: a Santa Escritura e as exegeses da Santa Escritura, os escritos dos Pais da Igreja, aos quais o monge Graciano, em sua escola bolonhesa, acrescenta os Concílios, as Decretais e, a título bem subsidiário, as constituições dos imperadores cristãos. Do mesmo modo hoje, em algumas escolas muçulmanas, lê-se o Alcorão; nas judaicas, a Bíblia ou o Talmude.

Quando um Abelardo, em seu *Sic et non*, lança a *quaestio* escolástica (ele tinha predecessores, Bernoldo de Constança, Yves de Chartres ou Argel de Liège, e Graciano segue o mesmo método), são aceitos como autoridades em princípio apenas os autores *sagrados*.

2) Entretanto, a literatura *profana* da Antiguidade estava renascendo. Afluxo progressivo. Através da alta Idade Média, a Igreja romana soubera conservar as *artes* (*supra*, p. 24), em especial a gramática e a dialética; na qualidade de instrumentos. Com o *Renascimento* dos séculos XII e XIII, os produtos da cultura pagã da Antiguidade foram apreciados por si mesmos. Chartres, grande foco de humanismo, cultiva Cícero, Horácio e Virgílio. Bolonha, onde se vivia principalmente na zona de influência do Imperador, o *Corpus juris Civilis*. Depois, veiculados pelo mundo árabe ou redescobertos em Bizâncio, Toledo ou Nápoles, manuscritos filosóficos de *Aristóteles* e seus intérpretes que invadem a Europa. Então explode o conflito.

Foi um conflito *jurídico* cujos vestígios foram conservados pelo Decreto de Graciano, *Pars Distinctio* XXXVII e s., em meados do século XII. Questão discutida: se aos clérigos devem ser ensinadas as letras profanas – *Quaeritur an saecularibus litteris oporteat esse eruditos*. Primeira série de textos, negativos: de São Jerônimo (cânone 4)

Cometeriam o pecado da embriaguez... os que abusam da sabedoria profana e das armadilhas dos dialéticos, que devem ser chamadas menos de cadeias que de fantasmas, ou seja, espécies de sombras e imagens.	*Vino inebriantur... Quando saeculari abutuntur sapientia et dialecticorum tendiculis quae non tam vincula sunt appellanda quam phasmata id est umbrae quaedam et imagines*

Cânone 6 – Do papa Adriano, retomando uma fórmula de Santo Ambrósio:

Toda a força de seus venenos os hereges destilam na disputa dialética que, segundo definição dos filósofos, não tem a força de construir, mas sim de destruir, o estudo. No entanto, Deus não se comprouve em salvar seu povo na dialética. O reino de Deus está na simplicidade da fé, e não nos debates	*Omnem vim venenorum in dialectica disputatione constituant heretici quae philosophorum sententia definitur non adstruendi vim habere sed studium destruendi. Sed non in dialectica complacuit Deo salvum facere populum suum. Regnum enim Dei in simplicitate fidei est non in contentione sermonis*

... São Jerônimo chegou a ser flagelado por Anjos porque se pusera a ler Cícero (cânone 7).

Sed contra, do próprio Graciano. Acaso Daniel não se nutriu da ciência dos caldeus? Moisés, da dos egípcios? Quando os hebreus partiam para a terra prometida, o Senhor prescreveu-lhes tomar os "despojos" dos egípcios (transmitida por Agostinho, a imagem deve remontar pelo menos até Fílon de Alexandria).

Lê-se que o Senhor ordenou aos filhos de Israel que espoliassem os egípcios do ouro e da prata, instruindo-nos moralmente a aprendermos com os poetas o ouro da sabedoria ou a prata da retórica para lhe darmos o uso da erudição salvadora.	*Legitur etiam quod praecepit Dominus filiis Israel ut exspoliarent Aegyptiis auro et argento moraliter instruens ut sive aurum sapientiae sive argentum eloquentiae apud poetas invenerimus in usum salutiferae eruditionis vertamus*

... "Que o clero se proteja da ignorância." E com isso Graciano deixa o leitor indeciso, já que o fruto da *quaestio* não é uma resposta bem definida, mas ligada às duas extremidades da cadeia. Os clérigos precisam estudar, mas, ao mesmo tempo, não devem desprezar a simplicidade da fé – *non contemnant scolastici ecclesiasticam simplicitatem* (*D*, XXXVII, c. 12).

Processo observado por toda a Idade Média. O Monsenhor Grabmann descreveu a história das proibições aos Mestres de ler Aristóteles (proibições que aos poucos perderão severidade). Em Paris são autorizados em 1215 pelo legado do papa Roberto de Courçon os livros de Aristóteles sobre "a dialética, tanto antiga quanto nova" (as últimas obras descobertas no fim do século anterior), mas são proscritas a metafísica e a "filosofia natural". A Bula *Parens Scientiae*, de 1231, também dissuadia os clérigos parisienses de bancar os filósofos – que prefiram cultivar a sabedoria divina (*nec philosophos se ostentent, sed satagant fieri theodocti*) –, mas abre as portas para o ensino de todas as obras do Filósofo, depois das correções dos erros que contêm (*quousque examinati fuerint et ab omni errorum suspicione purgati*) etc.

Auguste Comte teve por que se admirar; foi exemplar no século XIII a ação do *Poder espiritual*. O destino da Europa foi determinado. Se as teses do maniqueísmo tivessem triunfado, decerto nos teríamos tornado fatalistas, como os muçulmanos. Quando o averroísmo ensinar "a unidade do intelecto agente", as liberdades individuais estarão ameaçadas. Mas os grandes papas do século XIII limitaram-se a organizar o estudo, sem abafá-lo. Compare-se o comportamento deles com o de Pio IX: o liberalismo moderno não foi um perigo menor que o averroísmo medieval e não menos contrário à fé cristã; mas Pio IX interveio por meio de condenações brutais, que não atingiram seus objetivos. Muito mais sábia era a política cultural da Igreja no século XIII!

Nisso, a obra de Tomás de Aquino desempenhou papel primordial. Situado no olho do furacão, ele enxerga o que está em jogo. Da resposta depende o impulso da cultura europeia; inclusive, acessoriamente, os destinos do direito.

DUELO ENTRE FÉ E RAZÃO

Essa questão é tão central na obra inteira de Tomás de Aquino, ocupa tanto espaço na *Suma*, que hesito em selecionar textos. Comecemos pela *Quaestio* 1 da *Prima Pars*, art. 8.

A doutrina [sagrada] é ou não argumentativa?	*Utrum haec doctrina sit argumentativa.*

Atacamos o problema indiretamente. Convirá, em primeiro lugar, acolher nos estudos eclesiásticos a *dialética* que fora instrumento da filosofia e contra a qual se ergueram tantos adversários na Igreja? Com o instrumento Tomás de Aquino *fará* a filosofia inteira ser aceita.

Argumentação apologética

Colocarei de lado um ponto secundário, com o qual se relaciona uma primeira resposta no "Corpo" do artigo: o uso da argumentação na *Apologética* cristã.

Problema de sempre, que hoje mudou de objeto. Agora afeta pseudorreligiões, como o marxismo, o liberalismo, o humanismo, o progressismo. Ainda *crenças*. Mais que a razão, a crença é fonte de nossas opiniões. Quando elas se defrontam, e seu conflito perturba a ordem pública, há dois caminhos possíveis: a ação, "o engajamento", a luta apaixonada de cada um por sua causa, travada em meio à repressão, ao terrorismo ou à guerra; ou então a via da discussão, da filosofia. Entre elas é preciso optar.

Sabe-se qual foi a opção de Tomás de Aquino. Ele escolheu a ordem dominicana. Peculiar à ordem instituída por São Domingos foi o combate aos hereges (albigenses, entre outros), se possível ao próprio Islã e ao retorno ao paganismo; não pelas armas da cruzada, nem mesmo da inquisição (em que afundaram alguns de seus colegas), mas pela palavra, pela pregação e pela controvérsia doutrinal.

Grande coragem: implica *pôr em jogo* o cristianismo, pôr sua verdade em debate no campo do adversário, ou melhor, da Razão comum; transportar a luta para o campo da filosofia. Em vez de conduzi-la à derrota, a filosofia se tornará fonte de enriquecimento para a fé cristã. Ser confrontada com o Islã, com o mundo bizantino e, por meio destes, com o paganismo greco-romano foi um benefício para a Igreja.

Mas primeiro a Apologética. Tomás de Aquino participou dela com sua *Suma contra os gentios*. Ou seja, escreveu ele, um Filósofo de posse da verdade; que Aristóteles teria atingido. Nem por isso deixou de discutir contra uma multidão de adversários para *refutá-los*, demonstrar o absurdo de suas postulações; e deixou em seu *Organon* um livro dedicado a essa arte da Refutação, as *Refutações sofísticas*. Assim é o Apologeta. Seguro de sua fé, ele constatará a descrença da maioria dos homens. Em vez de ignorá-los, tentará convencê-los. Precisa usar a Lógica, a arte da *refutação*. E Tomás de Aquino trata de delinear, em algumas linhas extraordinariamente concisas e claras, as condições da controvérsia apologética. Essa será a primeira oportunidade que a "Doutrina sagrada" terá de se tornar *argumentativa*.

Muitos intérpretes da *Suma* se limitam a essa conclusão. Tal como, está claro, nosso editor Blot (já citado), que parece ter-se contentado em ler o "corpo" do artigo e acredita nele encontrar a resposta. Ela me interessa pouco. Refutar não é o objetivo da *Suma teológica*. Suas metas são mais elevadas: a descoberta e a exposição da "doutrina sagrada". Não era o uso da Dialética contra infiéis que se punha em julgamento, mas sim os seus benefícios para os fiéis. Digamos, uma discussão relativa à catequese.

Que meu leitor se lembre de que, transposta, ela vale para todas as nossas *crenças*; e que assim foi iniciada a história de toda a cultura na Europa.

TESES EM CONFRONTO

Em primeiro lugar, as *objeções*, pró ou contra. Como sempre sucintas, mas por trás de cada uma se adivinha uma profusão de discursos que alimentam essa antiquíssima polêmica.

1) Em primeiro lugar, um texto de *Santo Ambrósio:* Fé e raciocínio são incompatíveis, e o objeto da "doutrina sagrada" é a *fé* cristã. Remete ao Evangelho de João, XX.31: *Haec scripta sunt ut credatis.* Estas coisas foram escritas para que creiais. Pede-se aos cristãos que creiam, e não que argumentem. O que conta é nosso compromisso.

Se quisermos um comentário sobre isso, está na *Suma,* no tratado da *Fé:* Iª IIae, qu. 1 a 16. Para Tomás de Aquino, contra quem alguns catequistas de hoje poderiam opor reação, a fé reside no *intelecto.* Pelo menos, *sobretudo* no intelecto. Ela só está totalmente "formada" quando desabrochada na caridade, preenchendo a vida; no entanto, é *conhecimento;* segundo ele escreveu, está "no meio, entre ciência e opinião" – sobrepujando, pela certeza, a opinião e a ciência. Pois a "verdade primeira", que é Deus (qu. 1, arte. 1), é "objeto" da fé, e não há dúvida de que esse objeto excede os poderes da Razão decaída. Por isso, é uma dádiva de Deus. Exige receptividade à revelação divina; mais que argumentar, silenciar, submeter-se, obedecer, que é ouvir (*ob-audire*). Nada haverá de espantoso no fato de um conhecimento nos vir de outrem, por ouvir dizer; é o caso da maioria de nossas opiniões (*supra,* p. 58).

2) *Segunda objeção – meios de conhecimento – Como* a "doutrina sagrada" sairá de raciocínios? Com base em que fundamentos raciocinamos? Ou, partindo de uma *autoridade,* da sentença de um sábio, então o valor da doutrina repousa no crédito de seu

autor. *Locus autem ab auctoritate est infirmissimus* (Boécio). O argumento mais frágil de todos. Ora, a Fé quer certeza.

Segundo ponto de partida, "razões". Os teístas do Iluminismo mais tarde desejarão identificar Fé e ciência. Isso é destruir a fé. Impossível acreditar e saber simultaneamente (II ª II ae, qu. 1, art. 5). *Fides non habet meritum ubi humana ratio praebet experimentum*, disse São Gregório. Não haveria mérito em crer, se a segurança viesse da Ciência. A "doutrina sagrada" não deve valer-se da argumentação.

3) *Terceira objeção. Sed Contra...* Em sentido oposto, um trecho da Epístola a Tito, de São Paulo. Há duelo. Como sair dele?

Meios de resolver

Eu teria preferido um caminho mais florido. Mas não posso fazer nada. Não se resolve um problema sem mergulhar em abstrações. Como está em causa neste debate o uso da Razão nos estudos teológicos, cabe refletir sobre os serviços que a Razão tem condições de prestar.

Distinção: 1) Dissemos anteriormente que *Razão* difere de Inteligência. A inteligência vê, e até melhor que os olhos do corpo; ela lê dentro das coisas, *intus-legere*. Inteligência é conhecimento. A razão nada mais é que instrumento, motor, meio de pesquisa. Ela permite que nos transportemos de uma proposição (ou conhecimento inicial) a outra nova, *aliquid aliud*. A Razão visa às *consequências*.

2) Ao contrário, os *Princípios*, por definição (princípio significa começo), não precisam ser demonstrados. São captados imediatamente pela inteligência – ou recebidos de uma ciência "superior", "arquitetônica": o arquiteto dita aos pedreiros a planta da casa que vai ser construída, que constituirá um dos "princípios" de sua alvenaria. Do mesmo modo a Metafísica, suprema na esfe-

ra dos estudos profanos, cujo objeto é a inteligência dos "primeiros princípios", fornece às "ciências inferiores" (física, ciências naturais, ética ou artes) uma multidão de princípios. Ela mesma não poderia demonstrar dedutivamente seus princípios.

Esse parece ser também o caso da "doutrina sagrada", arquitetônica em sua ordem.

Conclusões

As conclusões são *plurais*, devem ser consideradas simultaneamente. Além da que está incluída no *Corpus*, única considerada pelo editor Blot (valor da argumentação para uso da apologética), poderemos distinguir três:

1) Dado que os "princípios" não são fruto de raciocínio, não se deve utilizar a argumentação racional para provar as coisas da fé. *Argumenta rationis humanae non habent locum ad probandum quae fidei sunt* (*Ad.* 1, início). Não serão provados os mistérios do dogma (Deus trinitário – Redenção – Ressurreição). Nesse aspecto, verifica-se "que a doutrina sagrada não pode ser 'argumentativa'". Parcela de verdade reconhecida à primeira objeção, baseada na autoridade de Santo Ambrósio e de São João.

Reconheço que a essa primeira fórmula apresentada como que entre parênteses Tomás de Aquino não deu ênfase. Não por ser desprezível.

Essa parte é fundamental. O que escapa ao raciocínio, *quae fidei sunt*, não será precisamente objeto da educação cristã? Remetemos ao tratado da II^{a} II^{ae} (qu. 1, *De Fide*) ou ao mais célebre dos sermões de Tomás de Aquino, conhecido como da *Vetula*. A *Vetula* é uma velha analfabeta, dotada de fé; recebeu-a daquilo que a Igreja lhe transmitiu das Santas Escrituras, sem discutir; ela não é virtuose da dialética. Sabe mais sobre o essencial do que todos os Doutores da Sorbonne.

E o teólogo? Nele, de preferência, supõe-se a fé como naquela velha. Etienne Gilson, em sua obsessão de distinguir a pretensa filosofia de Tomás de Aquino da filosofia de Aristóteles, ressaltou que a fonte da *Suma* é a fé, que ela não provém do raciocínio.

2) Segunda conclusão, não menos elíptica: *tamen ex articulis fidei haec doctrina ad alia argumentatur* (Ad I fim). Se a *Razão* não pode fundamentar os princípios, sua função é transportar-nos dos princípios a outros conhecimentos. *Ad alia*. Que serão esses *alia*?

Muitas coisas que faltam no *Credo*. A *Suma* é uma obra enorme, enciclopédica, abrange "tudo em relação a Deus". *Omnia sub ratione Dei* (Iª, qu. 1, art. 7).

Uma coisa é a Fé, outra, a construção da teologia. A *Vetula* que Tomás de Aquino elogiara – o feminismo ainda não chegara ao Instituto Católico – não se gabou de ser teóloga. Ela sabia mais que todos os mestres em teologia, mas de modo diferente.

Assim como, ao tratar do juízo prático (*ibid.*, art. 6, ad. 1), Tomás de Aquino distinguira dois modos – um procedente da "inclinação" natural (*per modum inclinationis*), quando alguém, impelido por seu bom instinto, julga retamente o que deve ou não ser feito, e outro que passa pelo atalho da filosofia moral (*quae per studium habetur*) –, há duas espécies de crença cristã: uma infundida pelo Espírito Santo e inexplícita, outra que se vale do estudo.

Para que serve esta segunda via? Muitos sempre acharão a teologia inútil. A teologia é busca da inteligência da fé (*Fides quaerens intellectum*); um modo de encarnação da fé, sua conceituação no cérebro dos intelectuais e na linguagem pela qual nos comunicamos. Tem forma de discursos abstratos.

Tais discursos não existem na Santa Escritura. O Antigo Testamento e nem mesmo o Evangelho são tratados de teologia. Decerto, com o surgimento das heresias, a Igreja foi levada a formular um pequeno número de *artigos de fé*: ao símbolo de Niceia serão acrescentados alguns outros; a partir deles o teólogo pode argumentar (*ex articulis fidei haec doctrina... argumentatur*). Tomás de Aquino dedica uma parte de seu *Tratado da fé* (II^{a} II^{ae}, qu. 1, art. 6 a 10) aos "artigos de fé". Mas é para notar que sua lista é limitadíssima.

O objeto da *Suma*, escreveu Gilson, é o *Revelável*, em germe na Revelação, não ainda vindo à luz. Partindo dos "princípios" da fé, o teólogo se transporta *ad alia*, a outros conhecimentos. Ora, assim como um germe não basta para produzir trigo – é preciso que ele se alimente da terra, da água do céu e do trabalho do agricultor –, também para construir a "Doutrina sagrada" o teólogo precisa acrescentar aos textos da Revelação.

3) Terceira sentença (*Ad.* 2). Responde ao problema levantado na segunda objeção, relativa aos meios de argumentação. Boécio falou da insuficiência do argumento de autoridade, dizendo que se engana quem deposita confiança cega no prestígio de algum filósofo.

Em primeiro lugar, porém, seu adágio abre exceção para a Palavra divina. Aí, ao contrário, o argumento de autoridade passa a ser o mais eficaz (*locus efficacissimus*). Essa resposta não bastará. A teologia não poderia ser deduzida analiticamente do pequeno número de artigos de fé. Onde alimentá-la?

A doutrina sagrada também se vale da razão humana: na verdade, não para provar a fé... mas para tornar de algum modo manifesto o conteúdo dessa doutrina. Visto que a graça não destrói a natureza, mas a aperfeiçoa, cabe à razão natural servir à fé, tal como a inclinação natural da vontade serve à caridade.	...*Utitur tamen sacra doctrina ratione humana: non quidem ad probandum fidem... sed ad manifestandum aliqualiter ea quae traduntur in hac doctrina. Cum enim gratia non tollat naturam sed perficiat: oportet quod naturalis ratio subserviat fidei, sicut et naturalis inclinatio voluntatis subsequitur caritati...*

Contra seus detratores, para os quais a Fé destruiria a Razão, Tomás de Aquino, em nome da Fé, assumiu a defesa da *Razão*: "Deus viu que aquilo era bom", que sua criação era boa. Boa com ela, a Razão natural do homem. De todos os homens, inclusive pagãos. Se a mensagem das Sagradas Escrituras só foi dada a alguns, primeiramente aos judeus e depois aos cristãos, Deus é o Pai de todos. Ele não deixou sem inteligência e meio de busca racional da verdade o conjunto dos homens, desde Adão.

Não que deixem de ser reconhecidas as suas fraquezas e imperfeições: ela não tem acesso aos mistérios da salvação cristã: aqui a graça vem "aperfeiçoá-la", mas sem a abolir, sem a tornar inútil nem negar sua competência própria. Que não se estende apenas às questões da vida temporal, da política e do direito. É falso que Deus tenha condenado o comum dos homens à ignorância absoluta da Religião. Para conhecer Deus e suas obras, há dois caminhos: o mais direto é a escuta da Palavra revelada, de que gozam os fiéis, o segundo é subir ao criador por via de *seus efeitos*, o espetáculo da criação; acessível a todos.

Os filósofos pagãos já esboçaram a teologia. Com um esforço do qual os cristãos não estão dispensados. É a própria "doutrina sagrada", segundo nosso texto, que "se vale da Razão natural".

E por isso a doutrina sagrada se vale das autoridades dos filósofos, quando pela razão natural eles chegaram a conhecer a verdade, de tal modo que Paulo (*Atos*, 17, 28) reproduziu as palavras de Arato ao dizer: como disseram alguns de vossos poetas, somos também geração de Deus. Apesar disso, que a Doutrina sagrada se valha dessas autoridades como argumentos exteriores e prováveis.	*Et inde est quod etiam auctoritatibus philosophorum sacra doctrina utitur, ubi per rationem naturalem veritatem cognoscere potuerunt, sicut Paulus (Act, 17, 28) inducit verbum Arati dicens: Sicut et quidam vestrorum poetarum dixerunt Genus Dei sumus. Sed tamen sacra doctrina hujusmodi auctoritatibus utitur quasi extraneis argumentis et probabilibus.*

Eis aí com que afluentes conseguimos engrossar o rio da fé: com as obras dos *filósofos*. Impõe-se escolher as autoridades. A imensa maioria dos homens vive no mundo sem se dar o trabalho de compreendê-lo. Portanto, não vamos raciocinar com base na opinião de qualquer um. Mas na história surgiram os filósofos gregos, que cultivaram a razão para "ler no interior" do espetáculo da criação.

Arato, poeta pagão citado por Paulo, percebera a semelhança entre o Homem e Deus. Cícero expressa a mesma verdade (*Homini cum Deo similitudo – De leg.* I, 8). Platão, Aristóteles ou os estoicos foram levados a reconhecer a existência de um Deus único e ordenador, causa final e ápice do mundo. Um cristão pode acatá-los como autoridades; argumentar a partir de suas opiniões.

A não ser pelo fato de que cabe aqui a máxima de Boécio. A autoridade dos filósofos em teologia é vista como *exterior*, estranha à fé cristã; sujeita a cautela. E apenas *provável*. Assim será tratada até a autoridade dos Doutores e Pais da Igreja; seu valor é apenas provável, diz o corpo de nosso artigo *in fine*, tal como notava Abelardo em seu *Sic et non*.

Mas, principalmente, com fundamento nas opiniões dos filósofos só poderiam ser constituídos raciocínios *dialéticos*. Para o próprio Tomás de Aquino, a maior parte do trabalho do teólogo está condenada à dialética.

Na verdade, já estávamos nela; esse artigo era dialético. Deve ser lido como tal. A mesma observação deve ser feita sobre o exemplo analisado antes. Cabe admirar o fato de a resposta não ser unilateral. Não sim ou não. Ou pelo menos não se conclui que a "doutrina sagrada" deva ser toda "argumentativa". O lugar de honra continua sendo dado às leituras e meditações das Sagradas Escrituras e à prece. As lições de Santo Ambrósio e São João não estão perdidas. A fé é fundamento, começo, princípio da "doutrina sagrada". Mas o alimento desse germe é solicitado aos filósofos, mesmo que pagãos. Foi marca de Tomás de Aquino integrar a filosofia na teologia cristã, com seu meio, a razão.

Qual é a alma dessa doutrina? A obra de Tomás de Aquino é guiada pela certeza de que a fé cristã nada deve temer dos "argumentos". Por isso ele não teve medo de travar o combate apologético no terreno da filosofia: "Visto que a fonte de nossa Fé é a verdade infalível, é impossível que seu contrário consiga ser demonstrado: as provas que pretendam opor-lhe são necessariamente refutáveis" (*Corpus, in fine*). Por procederem da mesma fonte, semelhante por dois caminhos diferentes, a Razão e a Fé só podem afinal concordar.

Nosso título estava errado: *não há duelo entre a Fé e a Razão*. A razão natural do homem, supondo-se que bem conduzida, e a melhor filosofia "convêm" à fé. A dialética da *Suma* levou a *reconciliar* os dois pretensos adversários e, com base em sua colaboração, constituir a teologia.

RECEPÇÃO DE ARISTÓTELES

Dessa primeira questão apresentada pela "Doutrina sagrada", eu poderia também ter tomado como exemplo o artigo 5. Nele se busca saber se essa doutrina constitui "a mais digna das ciências". Sem concluir, como afirmaram muitos intérpretes, pela humilhação da filosofia. Claro que, tomada "em si", a doutrina sagrada prevaleceria, tanto pela certeza quanto pela grandeza de seu objeto. Mas, considerada *quoad nos*, tal como é para nós, é preciso *aprender* filosofia: *praecipit... a philosophicis disciplinis*; não por culpa sua, mas por causa das deficiências de nosso intelecto, *propter defectum intellectus nostri* (*Ad.* 2). E, *quoad nos*, seus resultados mostram-se de fato mais incertos que os das "ciências" inferiores (*Ad.* 1).

Na massa das filosofias do paganismo greco-latino (os Pais da Igreja e da alta Idade Média estavam longe de ignorá-las), Tomás de Aquino escolheu *Aristóteles*. A escolha não é casual. Mais que qualquer outra, sua obra é própria para alimentar a teologia sem risco de alterar a fé. Recusando-se a acatar as Ideias platônicas, Ídolos enganosos, ele partiu da observação, do espetáculo da natureza. Assim, no maravilhoso livro XII das *Metafísicas*, chegou a reconhecer que todas as coisas tendem para aquele fim, um Deus único. Observador do espírito humano, teve consciência de sua fraqueza, de que um filósofo só tem autoridade "provável". Pesquisador, hesita e também é dialético, tem a modéstia de discutir Platão, Pitágoras, os sofistas. No apogeu, sua obra confronta e resume o conjunto da filosofia. Os agostinistas não se enganaram a seu respeito: ela foi alvo de sua predileção.

"– Por que esse livro te amedrontava tanto?
"– Porque era do Filósofo. Cada livro desse homem destruiu uma parte da Ciência... Sabíamos todos os Nomes divinos, e o dominicano seduzido pelo Filósofo lhes deu novos nomes, seguindo as veredas orgulhosas da razão natural. Antes, olhávamos para o céu, concedendo lançar um olhar enfurecido à lama da matéria, agora olhamos para a terra e acreditamos no céu tomando a terra como testemunha..."[1]

No tempo de Tomás de Aquino, assim julgavam a facção dominante, os obscurantistas (não faltaram obscurantistas na Idade Média), os fanáticos do *Credo quia absurdum*, que logo terão sua vitória: várias teses de Tomás de Aquino serão condenadas. Duzentos e alguns anos depois, Lutero, monge agostinista, cobrirá de injúrias Aristóteles e Tomás de Aquino (esse "porco") e – axioma primeiro do protestantismo – a Sagrada Escritura será proclama-

---

[1] Umberto Eco, *O nome da rosa*, 1980, pp. 478 e s.

da fonte exclusiva do dogma: *Scriptura sola*. Ainda hoje esse princípio parece contar com a secreta preferência dos clérigos.

Se me for permitido expressar minha modesta opinião, direi que a adesão à Igreja cristã não obriga a divorciar-se da razão. Eu me absteria da fé cristã caso a razão dos outros homens pudesse invalidá-la. Não é o que ocorre. A Razão sadiamente exercida, como em Aristóteles, percebe sua própria insuficiência, é uma abertura para a Fé. Em vez de se contradizerem, essas duas forças são feitas para colaborar, conforme concluiu Tomás de Aquino.

Sua doutrina se coaduna com a verdadeira tradição da Igreja, com a patrística grega e mesmo latina e com a Bíblia. Pois o *dictum* de Graciano, citado anteriormente, é verídico: são inegáveis os empréstimos tomados por Daniel ou Moisés à sabedoria da Babilônia e do Egito antigo. *Scriptura sola*? Os exegetas não se cansam de redescobrir os empréstimos tomados pelas Sagradas Escrituras às literaturas do Egito e do Oriente antigo e aos livros mais recentes, já da filosofia grega. Poderia ser diferente? Acaso a Bíblia não utiliza a linguagem comum? A Igreja não é um gueto, mas é universal, "católica".

Quando sobre a cristandade medieval pesava a tentação de fechar-se em si mesma, eis o que Tomás de Aquino relembra. Formulando o problema com a força conferida pela técnica da *quaestio*, para resolvê-lo por meio da distinção dos papéis e dos poderes respectivos da fé e da razão, ele reabilita a filosofia.

Acontecimento histórico da maior importância. Enquanto a Europa permaneceu cristã, foi preciso a autorização da teologia para o novo florescimento da filosofia, de que dependem todos os nossos saberes teóricos. Numa época em que o Islã começava a mergulhar na decadência, devemos datar daí a emergência do Ocidente.

Uma última observação. Os produtos de toda dialética são precários: é raro manter-se no *meio*, na linha de crista, mais tentador é deslizar para um lado ou para outro. E os adversários dificilmente se deixarão conciliar. Tomás de Aquino soube algo a respeito, alvo constante que era de ataques: à direita, agostinistas, desconfiados em relação à filosofia; à esquerda, *averroístas*, adeptos de uma filosofia desembaraçada do controle da fé.

Não cabe subestimar o sucesso de sua teologia: defendida durante algum tempo na corte papal e na ordem dominicana, favorecida, conforme se diz, por "artistas" – talvez juristas –, seu impacto foi considerável. E, por meio dela, instala-se em filosofia o reinado de Aristóteles. Até os grandes escritores franceses clássicos do século XVII – Molière, La Fontaine, La Bruyère – continuam imbuídos do espírito de Aristóteles.

Mas a cultura de Tomás de Aquino era rica e refinada demais para que sua vitória fosse definitiva. Nas faculdades de teologia de Paris e de Oxford, três anos depois de sua morte o agostinismo retornou com força total. Tal como o demônio do Evangelho, seria possível dizer que voltou sete vezes mais forte e nocivo do que era na alta Idade Média. Veio armado da lógica dedutiva aristotélica. É a partir desse momento que a teologia começa a se tornar *científica*, assume a forma de sistema fechado. Mudança progressiva. Na *Segunda Escolástica* dos séculos XVI e XVII, que pretendeu retornar a ele, já não consigo ver o espírito de Tomás de Aquino. Mas sim o contrário: orgulho dogmático e clericalismo que pesaram tanto no ensino dos seminários e das faculdades católicas.

Depois venceu a outra corrente, a de uma Razão que voava com as próprias asas, separada da fé à medida que a cultura se "seculariza" – já não conhece limites. Estava rejeitada aquela razão modesta, falível e tateante que fora descrita por Tomás de

Aquino, por inspiração de Aristóteles e do dogma cristão da queda. As distinções da dialética foram perdidas. A Razão dos modernos usurpa o papel da Fé; pretende a certeza e passa a se apresentar como *fonte* do conhecimento dos princípios. Surge esse ídolo, a *Razão* do racionalismo do Iluminismo. Ao qual sucede o cientificismo de hoje, mais frágil ainda.

Peço desculpas ao leitor por ter tomado a liberdade de fazer este resumo. Também devo um pedido de desculpas por me ter demorado na educação cristã, se é que, como receio, esse assunto o deixa indiferente. Ninguém o impedia de saltar este capítulo. Para tentar reconquistá-lo, mudaremos de registro. *Nunc paulo minora canamus.*

6

É POSSÍVEL OU NÃO EXTRAIR UMA DOUTRINA SOCIAL DA SAGRADA ESCRITURA?

Esses termos são anacrônicos. É no século XX que se discute uma chamada "doutrina social cristã" na Igreja. A questão extrapola a Igreja. Diz respeito às pseudorreligiões socialismo, liberalismo, progressismo, utilitarismo – todos sistemas ideológicos historicamente derivados de algum modo do cristianismo. Será preciso voltar a esse ponto. Em todo caso, o problema se impunha aos tempos "modernos" propriamente ditos.

Nossos manuais de história o escamoteiam. Bossuet, ao construir então uma Política que se apresenta como "extraída da Sagrada Escritura", não estava sozinho. Na verdade, o mesmo fez o inglês Filmer, ainda conhecido por ter sido o principal alvo de Locke, mas cujo sucesso em seu tempo foi considerável, por mais que isso surpreenda. Bem um terço do *Leviatã* de Hobbes gira em torno da Sagrada Escritura. Locke fundamentou seus direitos do homem (de propriedade – liberdade – resistência à opressão) na primeira lei do *Gênese*. Os "direitos do homem", ainda vivos, são oriundos de uma teologia[1]. Grotius espalha por suas obras citações da Sagrada Escritura; Pufendorf foi teólogo; e Selden hauria na Bíblia os princípios do direito natural (*De jure naturae apud*

---

[1] Cf. *Le Droit et les droits de l'homme*, Paris: PUF, 1983, p. 131.

Hebraeos). Domat, jansenista, amigo de Pascal, na Introdução às suas *Leis civis*, fazia o conjunto do Direito pender da máxima evangélica do *amor* a Deus e ao próximo etc. Legado da *Segunda Escolástica*, que pretendia deduzir do dogma os princípios do direito. Também a moral: na minha juventude ensinava-se a existência de uma *moral cristã*. Será que a moral tem fonte na Sagrada Escritura? E a Política?

O PROBLEMA

No tempo de Tomás de Aquino, opunham-se duas correntes de pensamento. A chamada corrente *agostinista* atravessa toda a Idade Média. Dizia-se que antes, desde Carlos Magno, existia um "agostinismo político", jurídico, moral. Rótulo duvidoso, porque Agostinho nunca se preocupou em inferir da Sagrada Escritura as instituições da Cidade terrena.

Levemos em conta apenas este fato histórico: a derrocada do Império Romano, de suas instituições jurídicas e de sua filosofia moral; o Clero foi então levado a encarregar-se da ordem temporal. E o fez com seus meios, sua educação, religiosa. Então nasceu uma política de fato baseada na Sagrada Escritura: poder do papa e dos bispos, realeza concebida à imagem da realeza davídica; e, desaparecida a máquina judiciária romana, constituição de um direito novo, o direito canônico.

Paulo pedia aos cristãos de Corinto que organizassem entre si seus processos (I Cor., 6 a 12). A função de julgar incumbe a clérigos. Que podiam fazer, à medida que aumentava a ignorância em relação aos textos romanos? Explorar a lei mosaica. Daí saem muitas instituições do direito medieval: proibição do incesto, proibição da usura por muito tempo, força do juramento, estatutos das *miserabiles personae*, os pobres da Bíblia – estrangeiro, viúva e órfão etc.

Exemplo: *Decreto* de Graciano. Começa com uma definição do direito natural: "O que está contido na Lei (mosaica), como o mandamento de fazer ao outro o que queremos que o outro nos faça." Seus "cânones" são, na maioria, extraídos das obras dos Pais da Igreja, exegetas da Sagrada Escritura, aos quais ele soma concílios e algumas Decretais de papas. Quanto à moral, mesclada ao direito canônico, aos catálogos de pecados dos penitenciais – foi uma Pastoral cristã.

Paralelamente, corre uma segunda corrente. Nenhum clérigo poderia ignorar o "Dai a César" do Evangelho, nem a distinção dos dois poderes definida pelo papa Gelásio no século V: diante do papa, o Imperador. O estatuto do Império é ambíguo para os canonistas; "segundo luminar" que receberia sua força do papa, sua meta é livrar-se dessa tutela, restaurar a tradição da Roma antiga, exumando sua literatura. Os grandes imperadores favorecem o retorno aos estudos profanos, tal como Frederico II. O rio engrossa e, no século XII, as *cidades* se esforçam por imitar as pólis antigas, enquanto, baseadas no sagrado, as realezas ainda tinham o aspecto de organismos da Igreja. Enquanto em Chartres se redescobre a moral ciceroniana, Bolonha introduz o *Corpus juris civilis*.

Na mesma época, em outra escola de Bolonha, conclui-se a construção do direito canônico. Dois direitos entram em concorrência, e sua rivalidade representa em grande parte a rivalidade entre Sacerdócio e Império. Daí surge um problema. Escolasticamente, sempre a mesma questão: que espécie de *autoridade* escolher, *sagrada* ou *profana*?

Nesse aspecto, os textos de Tomás de Aquino são muito abundantes. Descobriremos através do *Tratado das leis da Suma* os fundamentos de sua resposta, depois sua posição com todas as letras.

MEIO DE RESOLVER: QUADRO DAS LEIS

Para os juristas, é um dos mais célebres trechos da *Suma* (I^a II^{ae}, qu. 90 a 108). Mas antes é preciso prevenir um mal-entendido. Não é um tratado de direito (*jus*). Seus leitores de hoje são enganados pela sinonímia introduzida entre leis e direito pela teoria jurídica moderna. Esse não era o uso clássico. Os Tratados das Leis dos filósofos gregos, ou de Cícero, continham coisa diferente de direito. O mesmo ocorre com o de Tomás de Aquino.

Observemos seu lugar na *Suma*: está situado quase no fim da II^a, relativa às *ações* humanas, à sua finalidade, o Bem, do qual frequentemente se afastam; por isso, fala-se de pecado, de vícios; segue-se o estudo das *leis*, apresentadas como uma das "causas exteriores" dos atos humanos. O homem não é deixado na escuridão completa no que se refere ao sentido de sua vida; ele não decide gratuitamente a definição do bem e do mal, não "cria" livremente seus "valores", como quer Jean-Paul Sartre. Existem leis, elas lhe são dadas e orientam ou dirigem sua conduta. Não formuladas preto no branco: as primeiras, ao contrário, serão "não escritas".

Esse *Tratado* fala de *moral*. Tomás de Aquino define as leis *regulae actuum* (qu. 90, arts. 1 e s.): diretrizes dos atos dos homens.

Essas leis, no entanto, presidem a ordem do mundo. Todos os nossos atos, sem excetuar os dos juristas e políticos, lhes estão submetidos. Comecemos consultando o *Tratado das leis* em geral, para depois nos determos mais especialmente nos "preceitos" referentes à prática do direito e da política. São eles de natureza sagrada ou profana?

Basta uma vista-d'olhos no índice. Ali estão distinguidas, por ordem hierárquica ou cronológica, três formas principais da Lei.

1 / Lei eterna (qu. 93)

A primeira, pedra angular de todo o edifício. Não me admira que as escolásticas dos séculos XVI e XVII a tenham escamoteado, ou desfigurado.

Tudo (com exceção de Deus, art. 4) está sujeito a essa lei, inclusive na circunstância os movimentos das coisas irracionais: o curso de um rio, a queda de uma pedra (arts. 4 e 5). A tal ponto esse conceito é vasto em Tomás de Aquino. Depois se desintegrou; o termo lei fragmentou-se: "leis naturais" das ciências físicas, lei moral que nos seria ditada pela Razão pura subjetiva, lei estatal dos juristas... outrora ordenadas sob o conceito de *lei eterna*.

Eis o ponto que nos interessa: esse conceito de lei eterna é um grande exemplo de união da fé revelada com filosofia profana. Suas primeiras raízes são gregas: não conheço ideia mais grega que postular a existência de uma ordem cósmica universal, postulado esse que será arruinado pelo nominalismo, ao forjar a visão de um mundo feito de substâncias singulares, de uma poeira de átomos ou indivíduos, como em Hobbes o estado de natureza.

Entre os seres individuais existe uma ordem, pelo menos uma tendência à ordem, um sistema de *relações*. E já os gregos designavam o princípio dessa ordem com a palavra lei, *nomos*. Heráclito, Píndaro, Platão, Aristóteles e depois os estoicos que insistiram no seu alcance moral; Crisipo, reproduzido no *Digesto* (I, 3, 2) – *Nomos o pantôn Basileus* – *Lex omnium regina*. Cícero em sua *República*, III, 22: *Est quidem vera Lex, recta ratio, naturae congruens, diffusa in omnes, constans, sempiterna* etc.

Poucas noções mais aptas a ser batizadas. Em seu *Tratado do livre-arbítrio* (e alguns outros escritos), Agostinho construíra o esboço de uma teoria das leis. A *Suma* lhe toma de empréstimo o vocábulo lei eterna. Enquanto Cícero a qualificara de *constans et sempiterna*, ei-la denominada *Lex aeterna*, cujo objeto é que tudo esteja plenamente ordenado no universo: *ut omnia sint ordinatissima* (*De libero arbitrio*, I, 6). Só a teologia cristã desenha dela um quadro completo, constituído analogicamente à imagem das leis das cidades humanas (só se fala de Deus por analogia). Ela sabe designar sua causa eficiente, seu legislador. O que é essa Lei? A Razão suprema (que está em Deus, *summa ratio in Deo existans*, art. 1), que governa o Universo por meio de sua Providência através de toda a sua história. Para o bem comum do Universo, que será sua causa final.

Percebe-se aí como a noção clássica de Lei difere da estreita noção dos juristas modernos. Essa lei, que em si nos é desconhecida – os caminhos de Deus são insondáveis (art. 1) –, não é texto. Não nos enganemos: o culto da lei eterna, entre os gregos da lei cósmica, é o contrário do *legalismo*, do apego ao escrito...

Dessa raiz comum, transcendente, procederão outras leis, profanas ou sagradas, como ramos secundários.

2 e 3 / Lei natural e lei humana

Lei natural (qu. 94): como a palavra indica, *profana* – invenção dos filósofos gregos. Paulo, na Epístola aos romanos (II, 14), seguindo decerto algum modelo judaico alexandrino, deu-lhe direito de cidadania no cristianismo; lei – proclamou ele metaforicamente – "gravada" no coração de todos os homens, pagãos inclusive, por natureza (*physei*).

Essa lei é "Participação" "da lei eterna" no homem (qu. 91, art. 2). De modo duplo: 1) O intelecto humano recebeu da prática o "princípio" primeiro de que "é preciso buscar o bem e fugir ao mal" (art. 2, c); é Aristóteles; 2) O Homem inteiro (não só sua inteligência), tal como Deus o criou, *tende* ao bem. Os pagãos – diz também Paulo – às vezes *fazem* espontaneamente o que a Lei manda. Por isso, observando a natureza do homem, nossa Razão depreende uma série de preceitos segundos: *a*) Como *ser*, todo homem *inclina-se* a conservar-se (tem esse dever – *Leitmotiv* do pensamento grego); *b*) Como *animal*, inclina-se a perpetuar-se e a educar sua progênie (texto do *Digesto* como apoio); *c*) Provido da palavra, ele se inclina a viver socialmente e busca o bem "do espírito", que é a verdade (*ibid*.). É o ensinamento de Cícero. Esses "preceitos" vêm dos filósofos. *Preceitos*, regras de conduta *morais*. Não máximas de *direito* no sentido estrito. A lei natural tem o papel de comandar o exercício de *todas* as *virtudes* (art. 3). Lei moral comum, de novo "principalmente *não escrita*".

Depois, o *Tratado* passa para as *leis humanas* (qu. 95 a 97) "*derivadas* da lei natural" (qu. 95, art. 2). Pois elas só são autênticas quando, por esse canal, se abeberam na fonte, na lei eterna. Mas derivação não significa absolutamente dedução. Visto que as leis humanas têm o objetivo de formular e pôr em prática a lei natural, lutar contra os vícios, servir às virtudes (qu. 96, art. 2 e 3), e visto que a ação se desenrola no tempo, é preciso *preenchê-las* com um conteúdo "próprio", apropriado às circunstâncias de tempo e lugar.

Além do mais, é preciso que sejam preto no branco. E assim chegam as *leis escritas*, no sentido técnico grego do termo. A partir desse começo ("princípio") que é a lei natural, o legislador lhes confere uma forma precisa e *acabada*: *determinação* que decorre da prudência, *prudentia legispositiva* (II[a] II[ae], qu. 50, art. 1); não isenta da dose de arbitrariedade e da potencialidade de erro a que está sujeita a razão humana.

Elas são feitas para ser eficazes, passar a fazer parte dos costumes, tornar-se *Sittlichkeit*. Uma função da lei é *punir* (qu. 92, art. 2, qu. 96). Seus autores precisam estar munidos de uma parte do poder público. O cuidado de ditá-las incumbe aos governos da cidade; àqueles que têm o encargo (*curam*) do bem comum da comunidade política; aos príncipes temporais. Como foram os legisladores da Antiguidade greco-romana.

Quais são até aí as fontes da *Suma*? Há muito de Aristóteles e Cícero, e a concordância entre ambos é verificada em certos textos da patrística e da Sagrada Escritura. Mas para decifrar o teor da lei natural e constituir leis humanas, só há necessidade da "Razão natural" *profana*.

4 e 5 / Leis divinas, antiga e nova

Mas continuemos a abrir o leque das leis. Duas espécies novas. (Por falta de tempo, deixo de lado a sexta, a *lex fomitis*, ou lei do pecado que subjuga a espécie humana.)

Trata-se de leis decorrentes da lei eterna pela segunda via, *sacra*. Mais que os filósofos, por ser teólogo, Tomás de Aquino percebe a grandeza da ordem cósmica que se tornou o Plano eterno de Deus criador, em sua dimensão *dinâmica*. Explora a história, uma História santa: a do *Pecado* original – acabamos de lembrar –, que obscureceu o espírito dos homens e desnaturou suas inclinações. Mas para o pecado que escravizou o homem a Providência dá o remédio; ela fará mais que restaurar a natureza humana integral, ela a exalta e a sobreleva, de modo que a culpa de Adão e Eva será definitivamente chamada de *felix culpa*. Embora alguns antigos tivessem percebido a "semelhança" da natureza do Homem com a de Deus – afirmada pela Gênese –, faltava-lhes a Revelação judaico-cristã da *economia da Salvação*.

a) Lei antiga – Lex vetus – lei mosaica

Deus escolhe um povo, prepara-o para o advento da Salvação, toma-o sob sua tutela, cultiva-o como um jardineiro cultiva "sua vinha". Função que os legisladores das nações pagãs desempenharam tão mal é assumida por Deus em prol de seu povo eleito. Dotou-o de um arsenal maravilhoso de leis positivas. A Gnose e o maniqueísmo haviam rejeitado a Torá – os maniqueístas viam nela um produto do Diabo –, a *Suma* empreende sua apologia (qu. 98, art. 1). As questões sobre a lei antiga ocuparão mais da metade do *Tratado das leis* (qu. 98 a 105).

Qu. 99 – Inclui três espécies de preceito: preceitos *morais*, cujo cerne é o Decálogo; *cerimoniais*, relativos ao culto; *judiciais*, referentes às relações entre homens, que dizem respeito ao assunto desta obra.

Praecepta judicialia – Trata-se de "preceitos", regras de conduta; todo o *Tratado das leis* versa sobre nossas condutas. Mas esses preceitos falam de direito, ocorre-lhes *dizer* – como o *ju-dex* (*supra*, p. 51) – alguma coisa de seu conteúdo: distribuição das tribos, organização da realeza davídica, pena de talião, lapidação da mulher adúltera etc. A *Suma* definirá depois o que se deve entender por *direito* (adiante, cap. 7). Aqui Tomás de Aquino limita-se a qualificar sumariamente os *praecepta judicialia* como "determinações" dos deveres para com o próximo. Para cada povo ou tempo, essa parte da legislação precisa ser "determinada". Deus fez isso, na lei antiga, para seu povo eleito.

b) Lei nova

Com o advento de Cristo ocorre uma Nova Aliança: a promulgação da *lei nova* no Evangelho, que, depois de Pentecostes, o Espírito Santo insufla no coração dos fiéis. Não há dúvida de que ela deve comandar daí por diante a vida cristã. Nela se dão o coroamento e a culminância do *Tratado das leis* (qu. 106 a 108).

SOLUÇÃO: PAPEL DAS LEIS DIVINAS NA POLÍTICA E NO DIREITO

Era precisamente nas leis divinas reveladas que incidia nossa interrogação. Terão elas renovado o direito e a política? Terão sido fonte de uma "doutrina sociável cristã"?

Tomás de Aquino discutiu o assunto. À sua maneira, no modo da *quaestio* dialética, levando em conta as "objeções" feitas pelas duas partes. A resposta é um *Sic et non*.

Primeira Conclusão, *negativa* – Diz-se claramente na *Suma* que o direito público ou privado em princípio não tem nada para extrair da lei divina revelada, nem da antiga nem do Evangelho.

a) A lei antiga

Qu. 104, art. 3: *Utrum praecepta judicialia habeant perpetuam obrigationem*. Essa propensão dos clérigos da alta Idade Média a considerar ainda válidos numerosos preceitos judiciais da lei mosaica é claramente condenada.

Respondeo dicendum quod judicialia praecepta non habuerunt perpetuam obrigationem, sed sunt evacuata per adventum Christi: Respondo... que estão "esvaziados" desde o advento de Cristo; sua força jurídica foi anulada.

Ad. 3: esses preceitos diziam o que era justo para o povo judeu, segundo o que convinha a seu estado – *secundum quod conveniebat illi statui. Sed post Christum statum illius populi mutari*. Mas, depois da vinda de Cristo, ocorreu uma mudança naquele estado, que não foi nada pequena: deixou de existir povo eleito.

Todos aqueles preceitos adaptados à situação do povo de Israel deixaram de ser obrigatórios. A cristandade foi libertada do jugo dos preceitos judiciais ditados na lei antiga.

b) Resta a lei nova, do Evangelho, a respeito da qual Tomás de Aquino apresenta as seguintes conclusões:

Qu. 108, art. 2. Se a lei nova ordenou suficientemente nossos comportamentos exteriores.

Primeiramente, em moral geral:

Mas no que se refere aos atos virtuosos, somos dirigidos pela razão natural... por isso não houve motivo para que fossem dados [pela lei nova] preceitos morais além dos que são ditados pela razão.	*Ad. 1...* *... Sed ad opera virtutum dirigimur per rationem naturalem... Et ideo in his non oportuit aliqua praecepta dari ultra moralia legis praecepta quae sunt de dictamine rationis.*

Continua sendo comum falar de uma "moral cristã", própria aos cristãos, evangélica. Ela existe? Deve-se responder que as chamadas virtudes "teologais" pressupõem a graça. Mas o vasto tratado ensejado pela II^a, II^{ae} das quatro virtudes cardinais – das quais, três *morais* no sentido estrito (justiça, força, temperança) – e de seus anexos extrairá toda a sua substância dos filósofos gregos e romanos.

Solidarizo-me com o embaraço de um bispo ou de um padre jesuíta interrogado na mídia sobre a pílula ou sobre mães de aluguel. Mas para Tomás de Aquino os cristãos têm a mesma "moral" dos outros homens.

Deixemos de lado os "preceitos cerimoniais" (*ad.* 2 e *ad.* 3). O que dizer dos *judicialia*, que ordenam o direito e a política?

... o Senhor incumbiu de dispor delas aqueles que estivessem encarregados do cuidado com os outros, [cuidado] espiritual ou temporal.	*Ad quartum – dicendum quod judicialia etiam... reliquit Dominus disponenda his qui curam aliorum erant habituri vel spiritualem vel temporalem...*

Essas determinações em si não têm relação necessária com a graça interior, em que a lei [nova] consiste. Por conseguinte, elas incidem sob o preceito da lei nova, mas residem no arbítrio humano (às vezes de cada um individualmente, quando lhe cabe escolher sua própria conduta – em outros casos, das autoridades temporais ou espirituais, quando o bem comum está em causa).	... *istae determinationes non sunt secundum se de necessitate interioris gratiae, in qua lex consistit; id circo non cadunt sub praecepto novae legis sed relinquuntur humano arbitrio...*

A mensagem do Evangelho diz respeito às disposições *interiores* dos homens (motivo pelo qual sua lei é ainda uma lei "não escrita" (qu. 104, art. 1) – ou "principalmente não escrita"). As questões de direito Deus confia à iniciativa dos Homens – *Relinquuntur arbitrio humano*. O que significa? Não a arbitrariedade de um Estado soberano. Existe uma lei natural, que beneficia todos os homens, e uma Razão natural que a põe em prática; menos dedutiva que deliberante, confrontando o pró e o contra, "determinando" assim o conteúdo da lei natural. Se esse ato implica decisão, é uma decisão esclarecida pela inteligência natural.

A Revelação do Evangelho não se refere às matérias às quais Deus provê de outro modo, pelas quais deixa os homens responsáveis. Jesus recusava-se a dirimir uma questão de direito (*Lucas*, XII, 14 "quem me pôs a mim por juiz ou repartidor entre vós"?) e a desempenhar o papel de César.

Pois, como seu objetivo era reunir gente de confissões diferentes, era melhor que o direito se baseasse em razões acessíveis a todos, e não especificamente cristãs.

Até agora só lemos a primeira metade dos textos. Segue-se a Segunda Conclusão: é peculiar a toda *quaestio* que as respostas não sejam simples. O ponto de vista contrário não é omitido.

Sed Contra: 1) Comecemos pela *lei nova*. Ela não comporta, dizíamos, nenhum preceito judicial, é omissa sobre direito e política. Ocorre que Tomás de Aquino teve o cuidado, logo antes, de levar em conta a opinião contrária – qu. 108, art. 1: *Utrum lex nova aliquos actus exteriores debet praecipere vel prohibere.*

Sim, é possível extrair do Evangelho alguns mandamentos ou proibições de atos exteriores, quando esses atos são indispensáveis à obtenção da graça, ou quando a vida cristã os impõe: batismo, todos os sacramentos ou a confissão da fé, ato obrigatório para um batizado.

Porta aberta para o *direito canônico*. Nada impede, aliás, que a Igreja determine uma disciplina para uso de seus fiéis apenas. Ela tem o encargo de guiar suas ovelhas; como faz o Príncipe no âmbito temporal. Mas essa disciplina interna da Igreja sai do propósito de nosso livro.

2) Lei antiga: Lemos que os preceitos "judiciais" da lei antiga, "esvaziados" pela vinda de Cristo, perderam força coercitiva (qu. 104, art. 3).

Esses preceitos, no entanto – acrescentava o artigo –, estão "mortos", mas não são "mortíferos". Diz-se algo diferente dos "preceitos cerimoniais": o advento de Cristo modificou as formas do culto, haveria pecado em segui-los. Não é absolutamente proibido observar este ou aquele preceito judicial da lei antiga. Mas é normal inspirar-se nela. Sem dúvida adaptada ao estado específico do povo eleito, essa legislação continua sendo um *modelo*.

Modelo em conformidade com a Razão (qu. 105, *De Ratione judicialium praeceptorum*). Tomás de Aquino faz questão de ressaltar a *concordância* dos preceitos da lei antiga com os produtos da Razão natural comum. E em primeiro lugar os preceitos morais, qu. 100, art. 1, *Utrum praecepta moralia pertineant ad legem naturae*. O Decálogo expressa esses preceitos segundos da lei natural que os povos pagãos também teriam descoberto. O cristianismo usa o Decálogo, expurgando-o de detalhes especificamente judeus. Tomás de Aquino admira a *adequação* do Decálogo à moral universal (*ibid.*, art. 4). Do mesmo modo, os preceitos "judiciais" são justificados por sua "adequação" às soluções dos filósofos ou do direito romano.

Qu. 105 – *De ratione judicialium praeceptorum*; Art. 1: *Utrum convenienter lex vetus de principibus ordinatur*; Art. 2: *Utrum convenienter fuerint tradita praecepta judicialia quantum ad popularium convictum* (às relações da vida comum) etc. Encontra-se na lei mosaica o sistema inteiro do direito (qu. 104, art. 4); um modelo de direito público (qu. 105, art. 1), de direito privado (art. 2), de ordenação das relações com o estrangeiro (art. 3) e da economia familiar (art. 4). Não imitaremos Khomeini, não voltaremos a pôr em vigor a lapidação da mulher adúltera ou o levirato; mas não desprezaremos a Torá. Um dos lugares em que o autor da *Suma* se expressou mais demoradamente sobre direito e Política foi em seu *Tratado* da lei antiga.

3) Voltemos, para terminar, ao capítulo da lei natural e das leis humanas, que é primordial, pois Deus quis que o direito e a política fossem obra da razão humana. Significará isso que a Revelação não tem influência? Claro que tem! O *Tratado das leis é inteiramente teológico*. Em nome de uma teologia a *lei eterna* foi posta em seu ápice. Como as outras "leis" – sacras ou profanas – dela derivam e a têm como fonte comum, é necessário que *sejam adequadas*. Essa "adequação" tem duplo sentido. Se Tomás de Aquino ousou julgar as qualidades da lei antiga pelo estalão da razão natural, *a fortiori* o valor da lei humana será provado segundo o critério da lei divina. As leis divinas, não invadindo as funções de

nossa razão, são uma salvaguarda. A razão humana é falível. Sempre que não se adequasse às Sagradas Escrituras perderia o rumo. Por isso está excluída a possibilidade de depositar confiança a qualquer filósofo da Antiguidade greco-romana ou de aceitar qualquer lei humana. O papel da teologia certamente não é determinar a política nem o direito, mas – diz Tomás de Aquino – os *julga*. Faz uma seleção.

* * *

Recapitulemos. Tenho motivos para temer as reações de meu leitor. Ele deve achar este capítulo inatual. Acaso já não estaremos libertados da fé cristã, ou melhor, de toda espécie de crença?

Deve-se entender, porém, que para Tomás de Aquino essa questão era primeira, fundamental, preliminar. Nos artigos da *Suma* de que trataremos agora – sobre direito e política – disso dependerá o primeiro ato: é a escolha das autoridades. Por isso, ao longo de todo o *Tratado das leis*, ele amadureceu sua resposta; que – repito – é equilibrada.

1) Por razões teológicas, visto ser esse o plano de Deus sobre sua criação, deixar "ao arbítrio do homem" o cuidado de determinar o direito, Tomás de Aquino reconhece sem rodeios a competência da Razão natural do homem nesse campo.

A "Doutrina social" da *Suma* tem como fonte, conforme verificaremos, obras pagãs: sobretudo de Aristóteles, *Éticas* e *Políticas* (tal como faz o original grego, escrevo esses títulos no plural); quanto à moral, Cícero; por fim, juristas de Roma. De tais obras serão extraídas várias citações, e, ao que parece, Tomás de Aquino só cita o que aprova.

Primeira contribuição de Tomás de Aquino para a cultura europeia: *Política*. Ele se propõe ler, comentar e reintroduzir as *Polí*-

ticas de Aristóteles; Ptolomeu de Lucca, seu discípulo, terminará seu comentário. Logo Dante, João de Paris, Marsílio de Pádua etc. o explorarão. Ninguém deveria ignorar que essa obra foi o ponto de partida para o impulso da ciência política na Europa. Eu diria o mesmo da contribuição dada pela *Suma* ao renascimento da arte *jurídica*. A redescoberta do *Corpus juris civilis* é anterior a ela em mais de um século? Já iniciada em Bolonha sob os auspícios do imperador? Mas, para que o direito romano conquistasse os reinos subtraídos à influência imperial, a França, a Inglaterra, e triunfasse sobre o direito canônico, era preciso que houvesse concordância da Igreja; que o retorno a fontes pagãs fosse considerado compatível com a fé cristã, e que a arte do direito recuperasse autonomia em relação às Sagradas Escrituras. Então, na história da cristandade ocidental, terá início um período de intenso florescimento da doutrina jurídica, de vitalidade da jurisprudência, de produção de textos legislativos. Enquanto isso o direito muçulmano, que continuou dependente de seus textos sagrados corânicos, e o direito judaico mergulhavam na estagnação. Basta essa comparação para avaliar nossa dívida para com a audaciosa teologia de Tomás de Aquino e sua escola.

Só é de lamentar que a maioria dos colegas teólogos de Tomás de Aquino se tenha recusado a seguir seu caminho. Entre scotistas e ockamistas dos séculos XIV e XV não se encontra vestígio de sua abertura para a política de Aristóteles nem de seu favorecimento ao direito romano. Ao contrário: é a restauração do clericalismo jurídico, cuja marca se encontra na escolástica espanhola. Penso no orgulhoso Prefácio ao *De legibus* de Suarez, em que se afirma a competência do teólogo para, em nome da Fé, ditar os princípios do direito. Acompanhemos as *Políticas extraídas da Sagrada Escritura*.

Não devemos crer nessas práticas mortas! Quantas vezes já não vimos fundamentarem no texto do Evangelho: socialismo, pacifismo, "movimentos de libertação", não violência, franquismo e "democracia cristã"? Hoje a "Doutrina social da Igreja católica", ansiosa por se modernizar, reconstitui-se com base nos "Direitos Humanos": propósito mais importante do padre Calvez, em suas recentes conferências de Nossa Senhora. E o padre Calvez considera que os direitos humanos são cristãos, inferidos do Gênese ou do Evangelho. Mais cristão me parece o ensinamento de Tomás de Aquino em assuntos sociais, quando confessava abeberar-se em fontes profanas.

2) Pois, segunda vertente: na panóplia das doutrinas de origem profana, a fé cristã proíbe-lhe aceitar tudo. Ele descartou os sistemas que contradissessem a fé.

O que indica esse respeito pelo dogma? Que a Criação é regida por uma Providência, o mundo ordenado. Governo de uma *Lei eterna*, à qual parece corresponder a ideia grega de direito natural. Outro dado de fé, a fraqueza da Razão humana decaída: o homem tem a Ciência da Justiça. É sua condição passar por uma procura tateante, que (na falta de acesso ao Plano Divino) parte do espetáculo da criação. Platão errou ao imaginar que o Filósofo pudesse sair da caverna. Donde a *escolha da Política* e da *Ética* de Aristóteles, bem como da doutrina do direito do primeiro título do *Digesto*.

E diremos outra vez: Pena que esse ensinamento não tenha conhecido sucesso duradouro na Europa! O Renascimento do século XVI enveredou por outras vias. O século XVI aceitará *tudo* da literatura pagã, os sistemas filosóficos que Tomás de Aquino recusara, o culto platônico das Ideias, o estoicismo, o epicurismo;

enquanto isso, a dialética de Aristóteles é abandonada. A Razão humana, não contente em se libertar do controle da Fé cristã, usurpará seus privilégios, essa autoridade absoluta que Tomás de Aquino reservava ao dogma. Era dos sistemas *científicos*. Nada mais oposto à modéstia das pesquisas de Tomás de Aquino.

E nada mais contrário ao princípio do respeito à Lei eterna, outra exigência da fé. No sistema de Hobbes, surgiu o "Direito do Homem" no estado de natureza, que é uma liberdade absoluta, e o Homem tornou-se autor da ordem jurídica; ele a constitui livremente. Segue-se o mito do *Contrato social*, direito entregue à arbitrariedade do Estado moderno, "positivismo jurídico". Isso enquanto, sob a égide do positivismo "científico", não se chegue a pensar o direito como o produto de um jogo de forças, alinhando direito a fatos. Estamos nesse ponto. Mas constituir uma ordem social com base nos "direitos humanos", como se não existisse nenhuma ordem acima dos indivíduos, equivale a negar a Lei eterna da qual dependia a Doutrina de Tomás de Aquino.

Tanto que no século XX a causa tem dificuldade para ser aceita. Apesar de honrado da boca para fora, frequentemente travestido, o ensinamento de Tomás de Aquino é, na verdade, abominado. Esmagado sob a acusação (que se tornou a pior) de passadismo.

Duplo contrassenso, pois a espécie de filosofia que Tomás de Aquino extraiu de Aristóteles não constitui um sistema fechado, mas uma maneira de filosofar, de pensar o direito e a Política. Não se apressem em dizer que é inatual. Quanto ao direito romano, Tomás de Aquino não extraiu do *Corpus juris civilis* um conjunto de *soluções mortas*, as que os historiadores positivistas do século XX se empenham em redescobrir. Apenas princípios, um método que serve à procura de soluções novas. Esse método deu testemunho de seu dinamismo na história do direito da Europa, deu impulso ao trabalho jurisprudencial e legislativo[2]. Capaz de reviver.

Não, a dificuldade atual é recobrar o equilíbrio que a dialética de Tomás de Aquino atingia. Mas não receio que sejam inúteis as questões da *Suma* sobre direito, público ou privado, que agora abordaremos.

---

[2] Cf. nosso artigo "Saint Thomas et l'immobilisme", *Seize essais*, pp. 94 e s.

7

PODE-SE DEFINIR A PALAVRA "DIREITO"?

Esse é o setor que nos coube. Já na lei antiga encontramos *praecepta judicialia*, distinguidos dos preceitos "morais", e o *judicium* tem a função de dizer o *jus*, o direito.

I^a II^{ae}, qu. 105, *art*. 1: Por meio de "preceitos judiciais" a lei antiga ordenava os principados (entenda-se: os governos) "*convenienter*" (essa palavra significa de acordo com a razão natural) – *Art*. 2: Relações internas dos membros da comunidade (*quantum ad popularium convictum*) – *Art*. 3: Com o estrangeiro (*ad extraneos*) – *Art*. 4: Situação das pessoas nas famílias (*circa domesticas personas*). O tema abordado neste capítulo tem considerável amplitude. Engloba a política, as relações internacionais e talvez a ordem familiar. Espero que não se zanguem por eu começar pelo direito.

Infelizmente, falta-nos uma ideia precisa de direito. Além disso, o direito não goza da estima das pessoas distintas (até o século XVI, ele fazia parte da cultura geral, mas hoje, pelo que vejo, ele não atrai a elite dos estudantes) – ninguém mais sabe *defini-lo*. A palavra direito foi vítima dos métodos científicos modernos. Os cientistas usam definições precisas, mas *convencionais*, que cada um forja arbitrariamente. Consequência: falta a nosso século uma definição de direito, porque existem milhões. A palavra direito desintegrou-se numa profusão de sentidos heteróclitos.

CAOS LINGUÍSTICO

Vejamos o mais usual: liberdade ou vantagem garantida em maior ou menor grau pelos poderes públicos.

Hobbes definia o inglês *right* como *liberty*, o latim *jus* como *libertas;* Ihering definia o *Subjektives Recht* como vantagem ou "interesse juridicamente protegido". São exemplos os "direitos humanos", de que o atual discurso faz tanto uso: "direitos" de pensar, expressar-se, circular, "direito" à vida, à saúde, aos quais se somam "direitos" bizarros: a "filho" ou ao amor livre. Categoriais, os direitos das mulheres, dos deficientes, dos homossexuais... Há outros menos irreais, acompanhados de alguma sanção específica. Todos são atributos das pessoas, poderes inerentes às pessoas, *Willens-mächte* – fórmula apreciada pelos pandectistas. Produtos de uma maneira de pensar *subjetivista, substancialista*.

Desse ponto de vista qual poderia ser a atividade própria ao jurista? Ele serve os "direitos" de seus clientes. Ofício do advogado, ou do *lawyer* americano. Ao legislador caberia defender as "reivindicações" de viticultores, siderúrgicos, homossexuais etc., ou, segundo fórmula herdada de Bentham, "maximizar" os prazeres do número máximo de beneficiários...

Há outra definição não muito menos corrente. O inglês dispõe de um segundo termo: Hobbes opunha radicalmente *Law* (*Lex*) e *right* (ou *Jus*). Enquanto *right* é "liberdade", o *Law* "obriga". Nas Faculdades de direito francesas, desde a primeira hora de aula, define-se direito como um "conjunto de *regras de conduta*". É o chamado direito *objetivo*. Ao termo são reservadas as chamadas regras "heterônomas" e de proveniência estatal, *leis* no sentido estrito – reunidas ou não nos Códigos. Foi preciso acrescentar--lhes textos de origem jurisprudencial, aceitos pelos tribunais. O ensino das Faculdades de direito consistiria em inculcar na cabeça dos estudantes o esmagador conjunto de *textos* que o jurista estaria incumbido de executar.

Trata-se também de uma técnica, posta a serviço de sabe-se lá que objetivo: riqueza, poderio da nação, progresso social, ordem moral. Técnica para tudo, as leis incidem sobre tudo.

Ora, já é difícil coadunar direitos "subjetivo" e "objetivo". Nossos mestres tentaram; os mais filosóficos, a partir do "direito subjetivo", de que as leis dependeriam em virtude do contrato social. Essa tese, além de ser mítica, não dá conta das outras "fontes" do direito objetivo. A maioria dos juristas, fanáticos por textos, reduz ao contrário o "direito subjetivo" às vantagens que nos são outorgadas pelas leis positivas. Isso não vale para os "direitos humanos".

Mas nosso vocabulário pode revelar-se muito mais elástico! Quando um etnólogo trata do "direito" de alguma tribo africana, é claro que não está falando de leis positivas escritas, muito menos de "direitos subjetivos". Imbróglio acerca do qual se pratica uma literatura diversificada e contraditória, e os juristas pouco se preocupam...[1]

Se esse problema for indiferente ao leitor, ficarei confuso; pessoalmente, acho constrangedor escrever um livro sobre o direito na escuridão total. A escolástica geralmente cultiva a análise da linguagem. Os modernos a veem como um crime.

Mas os parceiros de qualquer diálogo precisam entrar em acordo sobre o sentido dos termos. Por outro lado, visto que para nós as opiniões constituem o caminho para a verdade, os significados atribuídos às palavras por seus melhores usuários são nosso meio de acesso às coisas.

---

[1] F. Ewald (*L'État-Providence*, Paris: B. Grasset, 1986, pp. 31 e s.) conclui que seria impossível apresentar uma definição permanente de direito. Diz ele: "Direito não tem essência." Mas como fazer história do direito sem ter pelo menos uma ideia daquilo cuja história se vai fazer?

Tomás de Aquino trata da questão do sentido da palavra direito – não no *Tratado das leis* da I ͣ II ͣᵉ, em que a definição do *jus* não é discutida –, mas na II ͣ II ͣᵉ, qu. 57, *De jure*, arts. 1 e s., que inicia o *Tratado* sobre a justiça. E, tal como é seu costume, prossegue a pesquisa por meio das questões seguintes: sobre cada causa pode surgir uma infinidade de opiniões diferentes e do mesmo termo, uma infinidade de sentidos divergentes, que devem ser confrontados.

1 / CONVÉM OU NÃO ACEITAR A LINGUAGEM JURÍDICA ROMANA, QUE IDENTIFICA DIREITO E JUSTO?
(II ͣ II ͣᵉ, QU. 57, ART. 1)

Observação inicial: Tomás de Aquino não trabalha *a priori* – o sentido da palavra direito não sairá de seu cérebro –, mas com base na linguagem, no latim *jus*.

Nas línguas grega e latina direito vincula-se à justiça – assim como hoje no alemão, em que *Recht* se associa a *Gerechtigkeit*. Nenhuma dúvida há em grego: justiça é chamada de *dikaiosuné*. Quanto ao termo jurídico latino: *D*, 1.1.1 pr.

| Quem for se dedicar ao estudo do direito precisa antes conhecer de onde deriva o nome: *jus* provém de *justitia*. | "Juri operam daturum prius posse oportet unde nomen juris descendat. Est autem a justitia appellatum." |

Pouco importa se essa ordem etimológica deve ser invertida.

Está claro que a palavra *direito*, o francês *droit*, o italiano *diritto* ou o espanhol *derecho*, que já no século XIII começaram a substituir *jus*, provavelmente por influência de teólogos moralistas, têm outra raiz. Referem-se à *retidão* da conduta em geral, não especificamente à justiça. Mas a cultura greco-romana apresenta tal grau de refinamento (e o espírito de uma cultura está em sua linguagem), que é lícito dar-lhe preferência. Essa foi a opinião de

Tomás de Aquino, e, em pleno século XX, arrisco-me a comungá--la. Nisso vejo a única maneira de conferir unidade, pelo menos relativa, à noção de direito.

FORMULAÇÃO DO PROBLEMA

Vejamos como Tomás de Aquino inicia seu estudo. *Qu.* 57, *art.* 1: *Jus* é ou não *objeto* da virtude de justiça? (*Utrum jus sit objectum justitiae*). O leitor pode prefigurar a direção que tomará a resposta. É posta à prova uma doutrina aceita:

... é o que diz Isidoro [de Sevilha (*Etimologias v.*-3)]: diz-se *jus* [direito] porque é *justum* [justo]. Mas o justo é o objeto da justiça: o filósofo [Aristóteles] diz no livro V de suas *Éticas* [II, 29, a 7] que todos convêm em chamar de justiça a virtude pela qual os homens realizam coisas justas. Portanto, *jus* é o objeto da justiça.	... *quod Isidorus dicit in eodem quod JUS DICTUM EST QUIA EST JUSTUM. Sed justum est objectum justitiae: dicit enim Philosophus in V Eth. quod OMNES TALEM HABITUM VOLUNT DICERE JUSTITIAM A QUO OPERATIVI JUSTORUM SUNT. Ergo jus est objectum justitiae.*

Essa fórmula pode ser abonada pela autoridade do Filósofo, do bispo Isidoro de Sevilha, que a extraíra do *Digesto*, 1.1 pr. *jus a justitia*. Difícil afastar-se dela.

Presta-se, no entanto, a discussão. Em sentido oposto:

1) A objeção do jurista Celso, da qual resultaria que no direito se exercitaria menos a justiça do que a inteligência.

2) Do mesmo Isidoro – compilador eclético, que se abebera em todas as fontes e em suas *Etimologias* mistura literatura bíblica a textos jurídicos romanos – uma definição que inclui as *leis* no conceito de direito. Ora, não se pode dizer que a lei é objeto da justiça, e sim obra da prudência.

3) Novo texto de Isidoro de Sevilha, comparado a uma definição de Agostinho. Só se fala de direito – observa Isidoro – em relação aos assuntos temporais humanos. Mas Agostinho ensinava que justiça é amor a Deus, observância da lei divina. Só impropriamente se poderia dizer que o direito é o "objeto da justiça".

Em suma, no tempo de Tomás de Aquino, o sentido dos termos fundamentais da ciência jurídica já era nebuloso. Confusão nascida do choque de correntes contrárias: o renascimento da cultura jurídica romana, cujas fontes filosóficas me parecem estar em Aristóteles; em sentido oposto, a linguagem dos moralistas estoicos, adotada por vários Pais da Igreja; a partir do século XII já penetrara também nas escolas de Chartres. E sobretudo a Bíblia, leitura corrente dos teólogos. Quando lemos na Bíblia: "Buscai o direito e a justiça", essas duas palavras não podem ser entendidas como no *Corpus Juris Civilis*. Daí as contradições e o problema, dessa vez resolvido logo de saída. Compreende-se por quê: *a discussão já ocorreu*. Sabemos onde, nosso capítulo anterior a relatou, levando à seguinte conclusão: quando surge uma controvérsia sobre questão profana entre a patrística e a filosofia, se essa filosofia "se adequar" à fé cristã, terá a preferência.

A SOLUÇÃO DE ARISTÓTELES

Ao longo de todo o livro quinto das *Éticas a Nicômaco*, trabalhando sobre discursos gregos, Aristóteles discutira o sentido do termo *to Dikaion*.

À primeira vista *Dikaion* faz menção à ordem que constitui a beleza do *cosmos*. A filosofia grega clássica é uma filosofia da *ordem*. No espetáculo da natureza ela percebia *relações* às quais os *nominalistas*, ao contrário, negarão qualquer realidade. Para estes, o mundo se compõe de uma poeira de seres individuais ou de acontecimentos singulares (os "fatos" isolados de nossas ciências experimentais). É nosso espírito que se incumbe de inventar ligações, uma ordem, entre eles. A Antiguidade já tinha seus nominalistas, como Demócrito e mais tarde Epicuro e Lucrécio.

Sem reduzir o Ser ao Um como os eleatas, Aristóteles reconhece que a ordem (ou pelo menos a tendência à ordem) é um dado da Natureza. Tem-se aí uma das razões pelas quais seu pensamento "é adequado", segundo Tomás de Aquino, à fé cristã. É verdade que os nominalistas, na época de Guilherme de Ockam, também afirmarão fundamentar sua doutrina na Sagrada Escritura, mas a Sagrada Escritura depõe contra eles, como quando o livro da Sabedoria descreve magnificamente a Ordem da criação: Deus dispôs todas as coisas "com número, peso e medida". Santo Agostinho era fiel à mensagem bíblica quando escreve que uma "Lei eterna" governa o mundo e a história e visa a que nele reine o máximo de ordem *ut omnia sint ordinatissima* (*supra*, p. 93).

Na antiga mitologia grega, à deusa *Diké* era especialmente atribuída a incumbência de espalhar uma ordem harmoniosa pelo mundo. E a virtude (a maneira de comportar-se), cuja função é manter ou promover a ordem, é chamada *Dikaiosuni*; o homem que tem essa virtude, *Dikaios*.

To Dikaion: bastará uma análise gramatical elementar. A palavra é um neutro substantivado. Não significa ação justa, designada por um verbo constituído a partir da mesma raiz (*dikaio-prattein*). Nem seu sujeito, o *dikaios*. Mas esse *objeto*, a *coisa* justa.

ANÁLISE DA PALAVRA

1) Portanto, significa uma *coisa*. O mesmo ocorre com o latim dos jurisconsultos. O *Jus* também é alguma *coisa, aliquid*, diz o corpo do artigo, *ipsa res justa, id quod justum est* (ad. I, D, 1.11).

Por isso, devemos rejeitar a proposição incorreta que Isidoro enuncia numa época de decadência. Sei muito bem que, no fim, ela triunfou. A ortodoxia contemporânea das faculdades de direito define o direito como um conjunto de LEIS ou regras de conduta. Os agostinistas da Idade Média já viviam nessa confusão. Mas a *lei* não é uma coisa. Ela tem sede na razão. É um pensamento sobre a coisa.

Sem dúvida o direito pode ter sua *fonte* numa lei: a "lei eterna", Razão de Deus que governa o mundo. O direito positivo tem como fonte a lei humana positiva. Mas devemos evitar confundir causa e efeito.

Portanto, lei não direito, propriamente, mas por assim dizer uma razão do direito.	*Et ideo lex non est ipsum jus, proprie loquendo, sed aliqualis ratio juris* (Ad. 2).

2) Que espécie de coisa? Não uma substância, como uma pessoa, uma casa, uma moeda. Mas aquela outra espécie de *res* que os nominalistas resolveram riscar do mapa, uma *relação* entre substâncias, por exemplo, entre casas ou somas de dinheiro compartilhadas pelos proprietários numa cidade.

Uma proporção; *analogon*, segundo Aristóteles; *aequum* em latim. Uma *Aequalitas*. Não que entre as partes desse Todo constituído por uma relação existisse igualdade estrita, "aritmética"; mas, para que o Todo seja ordenado, é preciso uma proporção calculável, um mínimo denominador comum, um começo de *igualdade* entre as partes.

Por isso, Tomás de Aquino rejeita a segunda objeção extraída de Agostinho. Este definira a justiça como "amor a Deus e serviço prestado pelo homem a Deus". Ora, se entre homens há "certa igualdade", entre o homem e Deus ela não existe. Só poderíamos prestar-lhe uma parte ínfima dos serviços que lhe seriam devidos. Entre o homem e Deus não há *jus*, por falta de relação mensurável (Ad. 3).

A *religio* (virtude referente aos deveres de culto, às relações do homem com Deus) será tratada na *Suma* como uma excrescência da virtude da justiça. À "religião" não corresponde, em linguagem correta, nenhum *direito* (II*ª* II*ᵃᵉ*, qu. 81).

3) Essa relação compõe um *bem*, uma peça da ordem instituída pela Providência. No caso, existente, realizada, observável no costume. Mas, como todas as coisas deste mundo, seu estado mais habitual é ser apenas "em potência", assim como um homem é no começo um feto informe e degenera na velhice. O direito tem natureza *de finalidade*, de termo ao qual *tende* "a justiça" – *id ad quod terminatur actio justitiae*.

Essa é a característica mais destacada no corpo do artigo, e seu propósito (bem especulativo) é especificar a relação que o direito mantém com a justiça. Entre as virtudes, há as que visam a um *objeto* exterior, e não apenas – como a prudência, a temperança ou a coragem – ao aperfeiçoamento do indivíduo. É o que ocorre com a *fé*, essa busca das verdades sobrenaturais (II*ª* II*ᵃᵉ*, qu. 1 *de objecto fidei*). Sobretudo a justiça visa promover boas relações no mundo *externo*.

Toda virtude é entendida por sua finalidade. Por isso, era excelente método começar o tratado da justiça e das ações justas com a definição do direito.

COMPARAÇÃO COM A LINGUAGEM DOS JURISTAS MODERNOS

Está fora de uso. Os juristas a descartaram. Já não saberiam conceber que nas *coisas* seja possível descobrir o bom e o justo. Substituindo as coisas por ideias, nossa atual filosofia separa Ser e o Dever-Ser, *Sein* e *Sollen*, escreve Kelsen. Ao direito só resta constituir um conjunto de *leis* – proposições "normativas" – ou um fato sociológico.

O mais estranho é que os próprios tomistas tenham acabado por descartar a definição de Tomás de Aquino. Desde o século XVI, atrapalham-se com ela. E continuam, se tomarmos como exemplo o tratamento que Georges Kalinowski[2] lhe inflige: assim como Vitoria e Suarez, ele não ignora a fórmula da *Suma*. Não, mas acrescenta que, por *metonímia*, o sentido da palavra teria mudado. Metonímia, como nesta frase: bebi uma taça – em que o continente é posto no lugar do conteúdo, sem que no caso quem bebe corra o risco de se enganar. Da mesma maneira, *jus* teria, em última instância, vindo a ser sinônimo de *lex*.

De fato, ocorre a Tomás de Aquino citar textos patrísticos, em que a palavra *jus* tem o sentido de *lex*, sem os corrigir. Logo direi em que ocasiões. O erro dos tomistas consiste em fazer da "metonímia" o sentido principal. O *jus* seria de preferência lei, como se realmente bebêssemos a taça, e não o vinho. Para as necessidades de seu sistema Suarez chegara a inventar uma pseudoetimologia: *jus* derivaria de *jussum*, que teria significado o ditame do legislador... Suarez não cultivava a arte da gramática. Os tomistas veem nisso a vantagem do alinhamento com o uso atual, mas também com isso perdem o sumo da análise de Tomás de Aquino, de seu esforço, que era reagir contra os equívocos dos agostinistas.

Reatar com essa conclusão de que o direito é a coisa justa – *id quod justum est* – seria libertar os juristas da servidão em que o positivismo os mantém em relação ao Estado, ao Poder, às ordens arbitrárias do Legislador – dos egoísmos individuais à mercê dos quais os deixam o benthamismo e o individualismo moderno; dos interesses econômicos ou dos "fatos sociais", ídolos estes do sociologismo. Não! Não concebo que a resposta deste primeiro artigo deva ser relegada ao esquecimento!

---

[2] Em *Droit, nature, histoire:* [consacré à] *Michel Villey, philosophe du droit,* Presses Universitaires d'Aix-Marseille, 1985, pp. 57 e s.

Apesar de tudo, ainda não temos uma definição minimamente completa. Proclamar que o direito é o justo não adianta nada, se ignorarmos os meios de reconhecê-lo. Há razões para ficar contrariado com essas fórmulas abstratas. Nada mais vazio do que as palavras com que se embalam os pregadores da Doutrina Social da Igreja, "Justiça", "Equidade", "Bem Comum". Com o primado do Bem Comum concordo, mas o que é incluído nesse rótulo? Que interesses particulares ele encobre sub-repticiamente? Tal como *aequum, jussum*.

Apenas a *Suma* é uma pesquisa dialética ininterrupta. Isolar um único artigo dela é falsificá-la. A pesquisa não está totalmente encerrada. Não é costume de Tomás de Aquino parar no meio do caminho.

II / SERÁ POSSÍVEL TER UMA DEFINIÇÃO ÚNICA DO JUSTO?
(IIª IIᵃᵉ, QU. 58, 60 E 61)

Mas segue uma *ordem* sobre a qual dera explicações na primeira parte da *Suma*, qu. 85, art. 3 (*supra*, p. 46), ordem que vai do geral ao particular: a partir de noções abstratas, ainda indistintas, tende a chegar às realidades. "O justo" ainda é uma ideia abstrata, imprecisa; cumpre dar-lhe forma. E *jus* remete a *justitia* – *jus a justitia* (D, 1.1.1).

Sobre os sentidos do termo *justiça*, Tomás de Aquino pode valer-se das *Éticas de Nicômaco*, comentadas diante de seus estudantes. Como essa obra trata das virtudes e dos vícios – esse também é o propósito da IIª IIᵃᵉ –, Aristóteles visa em primeiro lugar à palavra justiça (*Dikaiosuné*).

Teve o cuidado de advertir já nas primeiras linhas que sua pesquisa seria feita sempre segundo o mesmo método (*tén autèn methodon*): confrontação dos usos desse termo numa pluralidade de autores, escolhidos previamente, é claro: seria perda de tempo trabalhar com base no jargão dos imbecis ou de professores de filosofia cujo sucesso é devido principalmente ao hermetismo de seus textos. No discurso menos sofisticado de seus contemporâneos, Aristóteles distingue de início dois tipos de justiça, "geral" e "particular". A distinção repercutirá no *to Dikaion*.

DIREITO EM SENTIDO GERAL

Comecemos pela *justiça*. O que é um homem *justo*? Em várias ocorrências, um modelo de moralidade: exemplo em Atenas, Aristides. Embora a moral bíblica fosse diferente da moral grega, os Setenta usaram de modo semelhante a palavra *dikaios* para qualificar o judeu perfeito: Deus não encontrou dez "justos" em Sodoma. Mas Abraão e Jó são "justos". Jesus, segundo os Evangelhos, é O Justo por excelência.

Assim entendida, a Justiça – dizem as *Éticas* –, "mais admirável que a estrela da noite e a estrela da manhã", abrange "a soma de todas as virtudes". Essa justiça "total" também pode ser chamada de justiça *legal*, pois implica a observância da totalidade da lei moral. O mesmo se dá (*mutatis mutandis*) quando os Evangelhos nos convidam a "buscar em primeiro lugar o reino de Deus e sua Justiça. O resto será dado por acréscimo". Tomás de Aquino acata a Justiça definida por Agostinho, "amor e serviço a Deus" ou aos pobres: *justitia in subveniendo miseris* (art. 2, 1). É a definição coligida no século XII nas Sentenças de Pedro Lombardo, que servia de manual para os teólogos.

Para os clássicos gregos, a moral inteira tem como *objeto* a *ordem*, primeiro sentido de *to Dikaion*. O diálogo de Platão sobre a República é feito com o seguinte subtítulo: *Peri tou dikaiou*. Conforme confessa, trata do justo em seu sentido mais amplo; inclusive no homem, subordinação em cada homem do ventre ao coração, do coração ao cérebro, sede do pensamento. Assim também, na pólis, deve haver subordinação da classe dos trabalhadores à dos guerreiros, e dos militares ao rei filósofo. Os estoicos, cuja doutrina se baseia na conduta do sábio, preferem aplicar a palavra *Dikaion*, ou o latim *jus*, à esfera da moralidade subjetiva. É o que faz Cícero, seguindo seus mestres estoicos, no *De legibus*. Parece que os Setenta usaram esse substantivo neutro de modo mais parcimonioso (TWNT artigo justiça 1969).

Como Tomás de Aquino reagirá diante desse primeiro grupo de autores? Convirá com eles quanto à existência de uma *justiça geral* (qu. 58, art. 5), mas recusa-se a identificá-la com o Todo da moralidade (art. 6). Numa língua benfeita não deve existir sinônimo perfeito, cada termo desempenha uma função distinta. A justiça visa a uma *relação*. Não pode haver relação sem pluralidade e alteridade. A justiça é *ad alterum* (qu. 78, art. 2). Portanto, deve-se desconfiar de Platão quando busca uma justiça no interior de um termo único, o homem. Tomás de Aquino qualifica esse sentido como "metafórico" (*ibid.*). Também prefere distinguir justiça, mesmo geral, de observância da lei do Evangelho, amor a Deus e ao próximo.

Toda justiça postula que os termos da relação sejam comensuráveis, comportem alguma igualdade. Não há justiça propriamente dita entre o homem e Deus (*supra*, p. 116). As únicas relações de que a justiça é guardiã ligam seres humanos na vida social. A expressão "justiça social" é pleonasmo.

À justiça geral corresponde um *direito*? Sim, sem dúvida, pois muitas "objeções" na *Suma* são testemunho disso, e nelas Tomás de Aquino reconhece alguma verdade. E ele mesmo, no início da pesquisa, não se abstém de usar a palavra *jus* (*jus sine justum*) para significar justo total.

A dúvida surgirá do confronto dos textos dos juristas romanos com a linguagem grega (*to Dikaion*). O latim jurídico distingue dois vocábulos: *justum*, aqui adjetival, e *jus*, substantivo.

Nada impede de dizer que um *comportamento* é "justo" no sentido geral, que contribui para realizar a plenitude da ordem social. E a boa ordem de uma pólis requer que em seus membros haja *todas* as virtudes. Uma pólis ganhará se não for composta por bêbados, covardes ou imbecis. Desse ponto de vista, vistas em sua relação com o Todo social, Aristóteles aceitara que a "justiça geral" fosse "a soma de todas as virtudes". Trata-se até de uma questão de grande importância *política*. A primeira função do Príncipe – em outras palavras, dos governantes – será prescrever aos cidadãos "os atos de todas as virtudes" por meio das leis humanas (Iª IIae, 96, art. 3).

Mas é preciso precaver-se quanto à forma dessas "leis" da política. Assim como entre o "Todo" da pólis e suas "partes", entre os cidadãos – o Príncipe e seus súditos –, existe uma relação *não igualitária*, as leis da pólis comandam, têm forma *imperativa*. O que prescrevem? Só podem prescrever "atos". As condutas justas têm por certo a finalidade de realizar o justo, mas não *são* essa relação justa. O imperativo da lei moral é apenas um instrumento.

Sem dúvida há leis que constituem *aliqualis ratio juris*, não o próprio justo – *sed non ipsum jus* (57, I ad. 2, *supra*, p. 116). G. Kalinowski me contradirá, recomeçará a me opor aqueles três ou quatro trechos extraídos do *Tratado das leis* (Iª IIae, 95, arts. 2 e 4) em que Tomás de Aquino reproduziu, sem discutir, textos patrísticos que confundem *jus* e *lex*. Mas, repito, essa *metonímia* ali não se restava a nenhum equívoco, e o sentido de *jus* não é o problema discutido no *Tratado das leis*. As leis morais não têm a missão de expressar o direito.

Será possível dizer o *justo* no sentido geral? Eu diria que ele, acessível à inteligência divina, é para nós inapreensível; está condenado a ser para nós apenas um ideal vago, que ninguém até hoje conseguiu determinar. Em latim é o *justum*, adjetivo indefinido; não o *jus*, coisa definível. Nos artigos dedicados à justiça geral (qu. 58, arts. 5 e 6), Tomás de Aquino evita a palavra *jus*. Parece-me que a reserva para outro uso, mais exato.

DIREITO NO SENTIDO ESTRITO

Passo à maior invenção que a cultura jurídica deve a Aristóteles: a *justiça particular*.

Não é indubitável que este segundo sentido seja o mais disseminado, mas os moralistas o preferem porque a justiça assim restrita tem a vantagem de se distinguir das outras três virtudes "cardinais": prudência, coragem e temperança; e da "soma de todas as virtudes". Da justiça particular trata a maior parte dos desenvolvimentos das *Éticas*, livro V; e da *Suma teológica* (qu. 58).

De onde saiu esse conceito? Novamente, da observação comparada dos textos. O qualificativo "justo" – grego *dikaios* – designa em várias ocorrências a conduta do homem "honesto" no manejo dos bens deste mundo. Critério: ele se abstém de desrespeitar o patrimônio alheio. Fórmula mais precisa: não toma *mais que sua parte* nem *menos que sua parte* de bens, dívidas ou funções públicas distribuídas num grupo social.

A justiça particular – escreve Tomás de Aquino – tem sua "*matéria* própria" (art. 8) – em última análise, as "coisas" chamadas "exteriores" (*tôn extôn*) sobre as quais incidem nossos "atos exteriores" na vida social: dar troco exato, pagar as dívidas, não roubar nem ser culpado da usurpação do poder etc. É só em bens *exteriores* (não bens interiores – amor, respeito ou liberdade de pensamento) que alguém pode tomar "mais que sua parte" ou "menos que sua parte"...

Também tem seu *objeto* próprio (art. 10), que é retificar: não as qualidades subjetivas dos indivíduos, mas as *relações* existentes entre o bem de uma pessoa singular e o de outra (*ad bonum alterius singularis personae*, art. 7). Tem em vista as próprias proporções. Representa, por conseguinte, a figura mais perfeita que conhecemos da Justiça. Donde o interesse privilegiado que nossos dois autores lhe devotaram.

Tomás de Aquino, seguindo Aristóteles, a subdividirá em duas espécies (qu. 61). Cuida-se da manutenção do equilíbrio entre os bens exteriores em duas ocasiões: distribuições (*distributiones*), trocas (*commutationes*). Donde a celebérrima distinção entre justiça "distributiva" e "comutativa". Contestável, porque distribuir e fazer comércio não são questões da justiça. Mais corretas são as expressões das *Éticas* e de seu comentário feito por Tomás de Aquino (§ 931): nessas duas circunstâncias apresentam-se dois *direitos* (ou *justos*) diferentes: *justum in distributionibus* – *justum in commutationibus*.

Pois a essa justiça corresponde um *direito* em sentido próprio: não mais um ideal confuso, mas realmente uma coisa existente e definível, que se presta, portanto, a expressar o substantivo *jus*... Ocorre no seio de uma pólis. A maior parte das análises que os juristas devem às *Éticas de Nicômaco* (tal como a distinção entre direito natural e direito positivo – 1134b) diz respeito ao justo *político, to Dikaion politikon*. O direito que nos chegou de Roma proveio de um *Corpus juris civilis*, em que *jus civile* significa direito interno a uma *civitas*.

As outras espécies de grupo social pouco se prestariam à formação de um direito tomado em sentido rigoroso. Caberá admitir que existe um direito "internacional"? No século XIII é de se duvidar. Tomás de Aquino trata da guerra e da paz sob a rubrica da caridade (II[a] II[ae], qu. 29 e qu. 40), não da justiça. – Também de se duvidar é a existência de um "direito de família". Embora no grupo familiar ocorram distribuições e trocas de bens materiais, seus membros – pai e filhos ou senhor e serviçais – não são suficientemente "outros" nem bastante "iguais" para que a distribuição seja fixa e determinada (qu. 57, art. 4).

Diferente é o caso do grupo político porque nele se dispõe de órgãos *judiciários*. Quando surge um litígio entre os membros de uma pólis sobre a medida de seus bens e cargos respectivos, litígio que nenhuma das partes por si só é capaz de dirimir, estas têm o recurso de dirigir-se ao juiz – *confugiunt ad judicem* (qu. 60, art. 1). *Judex autem dicitur quia jus dicit*. O ato do juiz, *o ju--dicium*, é dizer o direito. Quaestio 60, *de judicio*, art. 4, ad. 2.

Há dois tipos de julgamento. Um é sobre os homens (*Judicium de hominibus*), indicado *supra*; os juízes têm a missão de dimensionar culpas e impor penas proporcionais. Diz respeito ao direito penal. Mas a forma perfeita de julgamento diz respeito às *coisas: De rebus*. Tem a função de distribuir entre litigantes propriedades, no caso das ações reais, e obrigações, caso se trate de ações "pessoais". Tais são as sentenças do *jus civile*, cujas *regras* mais gerais do direito (*regulae juris*) foram inferidas no *Digesto*, completadas ocasionalmente (raramente em Roma) por certas *leis* jurídicas. Tudo isso compõe o direito romano.

Deve-se notar que Tomás de Aquino, precisando escolher suas autoridades, opta pelos juristas romanos. Nossa questão 58 começa com uma definição extraída do *Corpus juris civilis*, D, 1.1.10, do jurisconsulto *Ulpiano*. É verdade que se trata então de uma definição de justiça – visto que a II^a II^{ae} trata das virtudes mais que de direito. Pouco importa, pois nela a justiça é definida por seu objeto. Para Ulpiano, que objeto é esse? *Suum cuique tribuere*. O *jus* é *tributio*, justa distribuição de bens ou cargos entre pessoas, busca do *aequum*, de um meio-termo entre o excesso de bens (*lucrum*) e a insuficiência (*damnum*, art. II, ad. 3), meio--termo justo buscado nas coisas, *medium rei* (art. 10).

Ou, em vista de um deslizamento semântico fácil de compreender, a palavra designa a *parte* atribuída a cada um, *cuique suum jus*, nessa distribuição. Para esse fim serão ordenados os atos justos – agir de modo justo será *dar* "a cada um o que é seu" (art. 11): a parte que cabe a cada um em sua relação com os outros. Mas antes, formular a justa distribuição é obra do jurista. Assim, o título I do *Digesto* fixou o sentido da palavra *jus*.

* * *

Na primeira aula de direito civil suponho que, por rotina, os professores repitam essa fórmula para seus estudantes. A título de curiosidade arqueológica. Ela provinha de uma análise da linguagem grega, de que os romanos se valeram. Já não falamos latim nem grego. No século XX estaríamos vinculados por essas velharias?

Creio que sim, e que Tomás de Aquino, depois de a confrontar à linguagem contrária dos agostinistas, fez bem em lhe dar preferência; e que hoje ainda ela poderia salvar a linguagem da confusão, e o direito, do atual descrédito.

Nossa teoria contemporânea confunde direito e *moral*, insistindo em defini-lo como um sistema de regras "de conduta". Foi assim que tudo começou; que na doutrina dos séculos XVI e XVII os juristas começaram a perder autonomia. Um Suarez identifica direito e *leis* que prescrevem condutas. Mas prescrever, proibir, permitir, para Tomás de Aquino, eram função da lei moral (Iª IIae, 92; 2), não da regra de direito. A *Suma* distingue entre *justiça*, que é maneira habitual de agir, e os substantivos *Dikaion* ou *jus*; não é tarefa do juiz impor este ou aquele ato – mas *dizer*, no indicativo, a distribuição dos bens e cargos. Divisão de tarefas: *preliminar* às regras que intimam a ter condutas justas está a função da arte jurídica. Esta deve ser distinguida daquelas.

A Política do século XX assume como objeto o *Welfare*, a "Riqueza da Nação", ou o bem-estar material, "a maximização dos prazeres" dos indivíduos. Entre as ideologias ocidentais contemporâneas, há as que propõem como objetivo a realização do "ser humano": "direito do ser humano" à "cultura", à "saúde" etc. De todos os seres humanos vistos individualmente. Esse foi o produto de uma filosofia centrada no *ego*, quando não solipsista. Nisso, contrária a Tomás de Aquino: está claro que ele não ignoraria haver uma arte de cada um cultivar sua liberdade de pensamento, em forte risco de extinção, quando negligenciamos exercê-la (mas ninguém pode roubá-la, ela não é um bem "exterior", matéria de processo), uma arte de manter a saúde (que Platão chamava de "gynástica"), de recobrá-la (medicina) etc. Tomás de Aquino designa a busca desses objetivos individuais com o termo *monastica* (*quae pertinet ad bonum unius personae*, II$^{\underline{a}}$ II$^{\underline{ae}}$, 17, 2). Ele tinha a inteligência de não a confundir com a arte do direito: o jurista tem em vista retificar *relações;* para começar, entre os respectivos bens de *vários* sujeitos. A linguagem moderna mistura atividades cuja diferença a *Suma* percebera.

Além do mais, sua definição salvava nosso ofício do desprezo. Ele está mal-afamado: quando consiste em utilizar qualquer texto positivo em proveito de sabe-se lá que cliente, torna-se coisa de "lacaios da classe dominante". E sede da hipocrisia. Em que se transformou o direito? Numa técnica sórdida. Enquanto isso, na *Suma* e em Aristóteles está escrito que a justiça, mesmo particular, "prevalece" às outras virtudes (art. 12 C).

Ao direito cabe lugar de honra porque é "o *justo*", participa da ordem total que dá sentido à nossa vida. O direito, ainda que nitidamente circunscrito, na análise da *Suma*, mantém laços com o Todo da moral, na qualidade de "parte" do justo total. Certa vez fui censurado por um teólogo famoso que me acusava de reduzir o direito a uma "mercearia", pois escrevi contra os "direitos humanos" à "liberdade" e o respeito à sua "dignidade", que seriam objetos nobres. Não há vestígio na *Suma* de uma aversão à distribuição das "coisas exteriores". É por intermédio das coisas que o homem se une a seu próximo (*exteriores res quibus sibi invicem homines comunicare possunt*, art. 8 C). Se neste mundo há comunicação entre os homens, ela ocorre nas trocas e distribuições que constituem a matéria da arte jurídica. O direito, portanto, revela-se instrumento dessa *philia*, com a qual Aristóteles conclui suas *Éticas*. E a isso a *Suma* acrescenta que a amizade entre os homens passa pelo amor a Deus.

Assim, Tomás de Aquino consegue conciliar – é a regra do jogo dialético – às definições de Aristóteles e do *Digesto* até a de Agostinho: *amor Deo tantum serviens* (art. 1, ad 6). Nada disso é dissociável. Aristóteles começara seu livro V observando que a justiça é ambígua – ao mesmo tempo geral e particular – e o mesmo ocorre com o direito.

UMA POLISSEMIA ORGANIZADA

Assim como um artigo da *Suma* não costuma chegar a uma resposta simples, Tomás de Aquino, quando leva sua pesquisa ao sentido de uma palavra, não conclui por encerrá-la numa definição única. Leibniz preferia que cada palavra tivesse uma única definição para que, com base nela, os cientistas pudessem fazer seus cálculos e "combinações". Por isso, os homens do século XX se empenharam em definir *ideias* em vez de coisas. Para Kant ou Kelsen o direito *precisa* ser a ideia simplista que construíram, e nada mais.

Ao contrário, os clássicos pretendem definir *coisas*. É melhor. Eu preferiria saber o que é realmente direito a saber que ideia Kelsen tem a respeito.

Mas a empreitada tem poucas chances de ser levada a cabo. O espírito humano é assim, sua fraqueza é não atingir perfeitamente a própria coisa. Das coisas – escrevia Tomás de Aquino –, cada um de nós percebe "imagens" plurais deformadas, refratadas "como num espelho" – *sicut in speculo* (*supra*, p. 42). O *jus* acaba de se mostrar *já* sob múltiplos aspectos, *segundo* os pontos de vista do moralista, do político, do jurisconsulto. É necessário que a palavra reflita essa diversidade, pois, visto que nossos léxicos só dispõem de um número limitado de termos – *plura sunt negotia quam vocabula*, mais um adágio extraído do *Digesto* –, cada palavra deve prestar-se a uma pluralidade de acepções: justo geral, justo particular...

Ainda estamos distantes de esgotar a lista: como todos os seres da natureza, o direito *move-se* no caminho que o conduz da "potência ao ato" (de uma origem embrionária à plena realização) – ou inversamente. Ele oscila de um estado ao outro. Também é preciso que a palavra siga essas metamorfoses; que seja um e outro, *Sic et non*.

Seria isso o equivalente à barafunda da linguagem contemporânea? De jeito nenhum. A *quaestio* não teria servido para nada. Não se limitando a reunir a pluralidade dos usos da palavra *jus* em vários autores, seu objetivo é harmonizá-los. E isso nos leva a rejeitar a maioria das definições hoje reinantes. Elas cometem o erro de separar direito e justiça. Entre esses dois termos sempre deve ser preservado um nexo. Por exemplo: é verdade que, nas esferas do direito civil, *jus* pode legitimamente significar a *parte* atribuída a cada um (*jus suum cuique tribuendum*) dentro de uma distribuição justa: não o "direito subjetivo" que os modernos inferem de um sujeito separado dos outros. Ou então designará a lei jurídica quando ela tenta "dizer" autenticamente o justo: certamente não qualquer texto ditado pelos poderes públicos. A análise de Tomás de Aquino permite explicar a origem dos excessos da linguagem jurídica contemporânea. Ela não os justificou.

Só leva em conta a linguagem de autores escolhidos. Sem dúvida eles utilizam o termo *jus* em sentidos já muito diversos. Mas todo o interesse despertado pela *quaestio* está em ter ela discernido sua *relação* comum com uma noção matriz. Ela põe cada um em seu lugar relativamente à justiça – e mede sua *analogia*. Retorno à qu. 57: *De jure* artigo primeiro:

	57/1, ad. I
Dir-se-á ser costumeiro que as palavras se afastem de sua primeira significação: tal como a palavra *medicina* a que de início foi imposto o significado de remédio, que se presta a curar os doentes: a partir daí ela foi levada a significar a arte que fez isso.	*Dicendum quod consuetum est quod nomina a sua prima impositione detorqueantur ad alia signicanda: sicut nomen medicinae impositum est primo ad signicandum remedium quod praestatur infirmo ad sanandum: deinde tractum est ad signicandum artem qua hoc fit...*

Cf. mais adiante (p. 166) a continuação do texto. Pois estamos longe de chegar à definição de direito (nada garante que ela possa ser atingida), ou melhor, à profusão organizada dos sentidos da palavra *jus*. Falta explorar o direito em sua dimensão dinâmica. Continuando a apoiar-se em opiniões divergentes, a *Suma* distinguirá as etapas sucessivas de sua gênese, que nessa filosofia – seria de surpreender? – é evocada pela expressão "direito *natural*".

8
EXISTIRÁ UM "DIREITO NATURAL"?

Antes mesmo de distinguir direito em sentido estrito e direito em sentido lato, logo depois de acabar de definir a noção geral de *jus* (qu. 57, art. 1), a *Suma* dividiu o direito em duas grandes espécies segundo a proveniência ou, se preferirmos, suas causas eficientes: existe uma parte do direito dada por natureza – *physei* – "direito natural" – e outra "posta" pela *lei* humana ou divina, "direito positivo" (qu. 57, art. 2).

A todo estudante que se proponha estudar direito (*juri operam daturo*, as três primeiras palavras do *Digesto*), impõe-se considerar antes suas *fontes*. Todos os nossos manuais começam com uma introdução sobre as fontes do direito. Habitualmente se encontra apenas o catálogo dos *textos*, dos quais se gostaria que fossem extraídas as soluções judiciárias. Mas é forçoso ir mais além; os textos são resultados. Eles mesmos têm suas fontes, a partir das quais se interpreta seu sentido e se dimensiona sua autoridade. Se não fossem treinados para obedecer, os estudantes exigiriam explicações.

Os professores não estão muito dispostos a dá-las: além de extrapolar a competência dos juristas, essa pesquisa revelaria que suas teorias estão alicerçadas em areias movediças. Montaigne escreveu sobre as leis: "É perigoso ir até o seu nascedouro [...] Se subirdes um rio até a nascente, encontrareis um pequeno filete de água mal e mal reconhecível."

Aliás, o direito terá *uma* fonte? Parece que a Europa foi buscar essa metáfora em Cícero, que, no início de seu *Tratado das leis* (I, 10), estaria empenhado em definir a *fons juris*; ele dialoga com amigos em sua *villa* de Arpinum onde havia uma nascente. A fonte do *jus* seria a Razão. Eu gostaria que assim fosse, mas, tal como num rio engrossado por múltiplos afluentes as fontes são inúmeras, seria empobrecer a imagem da gênese do direito (e sobretudo do direito natural) atribuir-lhe uma fonte única.

Há um abismo entre o ensino de nossas atuais teorias sobre as "fontes" do direito e a *Suma teológica*. Entrementes se disseminou a idolatria da ciência, que nesse campo levou a sistemas aberrantes. Comecemos pelo mais conhecido, para nós o mais fácil.

OS SISTEMAS PSEUDOCIENTÍFICOS DO POSITIVISMO JURÍDICO

Nove em dez professores das faculdades de direito gabam-se de ser "positivistas", com exceção de alguns que acompanham essa profissão de fé com algumas precauções estilísticas (assim, declaram limitar-se a um "positivismo metodológico"), sem muitos resultados práticos.

O "positivismo jurídico" assume formas extremamente diversas, mas todas provêm de uma raiz comum: o culto moderno à *ciência*.

Não conheço apresentação mais límpida do positivismo jurídico que a de Hobbes, contemporâneo de Descartes e seguidor de Galileu, apaixonadíssimo por Euclides. Segundo os matemáticos, Hobbes teria entendido mal a geometria euclidiana. Isso pouco nos importa. Ele soube usar seu método, o famoso *mos geometricus* que muitos especialistas das ciências humanas do século XVII se gabarão de praticar.

Leviatã é um modelo de *construção* geométrica. Foi construído com base em alguns postulados que eu desejaria qualificar de não euclidianos, a tal ponto são fictícios: a hipótese de um *estado de natureza* em que os homens seriam iguais e teriam uma liberdade ilimitada. Isso certamente nunca foi visto. Com base nisso, um segundo postulado, uma definição do *homem* como ser egoísta e calculista. O homem calcula que, para remediar as misérias do "estado de natureza", é de seu interesse concluir o contrato social; e combina com seus semelhantes a criação de um *Estado* soberano. Esse soberano, com suas *leis*, forjará o direito objetivo que inexistia no estado de natureza. Assim, o direito estará integralmente nas *leis* ditadas pelo Príncipe. Já não há direito que não seja *positivo* – esse termo servia para traduzir o grego *nomikon* desde a Idade Média, pois é próprio das leis que sejam postas: *ponere leges*.

Difícil saber o que é mais admirável nesse sistema, se seu rigor ou se o sucesso de que goza até hoje. Mesmo conhecendo sua falsidade, em nosso inconsciente coletivo continuamos vivendo subjugados por esse amontoado de mitos: homens "nascidos iguais e livres", fora de qualquer grupo social, inclusive quem sabe dos pais, que deve haver, e o *Estado* como fonte única do direito: para alguns autores essas duas palavras – Estado e direito – tornaram-se sinônimas.

Sem dúvida foi preciso retocar vários pedaços desse esquema, pois o defeito desses "modelos teóricos" da ciência moderna é a necessidade de serem experimentados. O de Hobbes acabaria por colocar o jurista sob as ordens do poder político instituído, que sempre se diz fundado num fictício contrato social; e em reduzir todo o direito aos Códigos. O próprio Hobbes, numa obra tardia (*Diálogo entre um filósofo e um jurista*), levara sua teoria a tais consequências extremas. Claramente impraticáveis.

Não seja por isso! Nossos cientistas saberão encontrar um remédio. Basta modificar os axiomas de Hobbes: seu quadro de "estado de natureza", ou algumas cláusulas do "contrato social"; introduzir novas ficções, como aquela, hoje muito em voga, do "poder normativo do juiz". Finge-se (pois não estamos muito longe da ficção) que a autoridade legislativa deu ao juiz mandato para criar regras gerais, um prêmio suplementar de "normas". São inseridos no *corpus* das fontes "positivas" os acórdãos jurisprudenciais. O positivismo continua a salvo, o direito sempre faz textos positivos.

Eles bastarão para preencher um curso magistral. Mas, para o jurista, ater-se apenas aos textos já "postos", às sentenças já proferidas – é de esperar a vantagem de tornar as sentenças "previsíveis" –, significa congelar o direito, renunciar à descoberta de respostas próprias para as situações que a história não para de renovar. E Deus sabe como no século XX "a história se acelera"! E como nossa época é habitada pela comichão da "mudança", como dizia Giscard, ou da "modernização", *Leitmotiv* de Laurent Fabius!

Não será de surpreender que o positivismo jurídico, agora meio confundido com o positivismo científico de Auguste Comte ou de seus discípulos, conheça novas versões. Euclides deixou de ser seu modelo; agora, são as ciências experimentais: ciência dos "fatos sociais" que *registram* as flutuações da prática jurisprudencial ou da opinião pública, a poder de pesquisas sociológicas. Esse é o mais alto grau de aviltamento da arte jurídica, momento em que o direito ameaça divorciar-se absolutamente da justiça, alinhando-se com o fato existente (aborto, eutanásia...). Na medida, bem pequena, da influência do ensino das "ciências do direito" sobre os juízes, esse é seu efeito. Nossas teorias gerais das fontes do direito não são inocentes.

Apesar de tudo, o "positivismo" vai muito bem, obrigado. Também seu corolário, a rejeição ao *direito natural*. A voga do "direito natural" atingira o ápice na época do Iluminismo. Mas no século XIX surgiu uma reação virulenta: *Naturrechtsphobie*. Quando, segundo a visão comtiana da história da Razão humana, foi realizada a transição para o positivismo, o Direito natural foi tachado de *metafísico*. Excluído desde então, proclamou-se sua morte.

O engraçado, porém, é que se continua a atacar seu cadáver. Os Kelsen, os Bobbio, os Hart e outras sumidades atuais da filosofia do direito dedicam obras enormes à demolição de uma filosofia considerada desaparecida. Nisso vejo a prova de que a questão do direito natural continua no centro de nossa teoria das fontes do direito; até e inclusive dos discursos dos "positivistas". Por isso o título deste capítulo.

CONVERSA NO CENTRO POMPIDOU

Certa tarde de março próximo passado, dávamos umas voltas pelo IV *arrondissement* de Paris com meu amigo François Clin, famoso constitucionalista. François parece pouco receptivo ao encanto das igrejas Saint-Merry, Sainte-Chapelle e Notre-Dame. Seu gosto o inclina para os corredores da rua Beaubourg, símbolos de criatividade. Acima de tudo, graças aos ensinamentos de seu mestre Eisenmann, seu cérebro está recheado de Kelsen, *best-seller* das faculdades de direito e campeão do positivismo. Nós lhe devemos um sistema finalmente científico do direito, construído sobre uma "norma fundamental", hipotética mais que qualquer outra. É dele também o mérito de nos ter livrado do direito natural. A que, apoiado em razões indubitáveis, ele opõe uma refutação considerada definitiva; era dela que meu amigo me falava.

Vejamos os três argumentos que guardei:

a) Naturalistic fallacy

Kelsen argumenta a partir da "lei" (atribuída a Hume) de que, a partir daquilo que "é" (na natureza), a lógica veda concluir o que deve ser. Em francês: do indicativo não se pode deduzir o imperativo (Henri Poincaré).

Mas ele prefere falar alemão, e sua doutrina é inspirada na filosofia kantiana. Do *Sein* – escreve ele –, ou seja, do Ser, assunto da Razão teórica, não se pode extrair um *Sollen*, "normas" que prescrevam um Dever-Fazer. Existe uma separação radical entre as *Naturwissenschaften*, ciências da natureza que se esforçam por explicar o que é, e as *Kulturwissenschaften*, *Geisteswissenschaften*, que interpretam as intenções, os sentidos, os valores adotados pelos homens na história.

As normas jurídicas são produto do espírito humano. "Só por meio do homem nosso mundo é animado por intenções" (P. Amselek, *Théorie des Actes du langage*, 1986, p. 163). Assim deseja a agora dominante religião do Homem. O direito natural é um vestígio de obscurantismo medieval.

b) Relativismo

Se fosse preciso uma confirmação, nossas ciências produzem a prova da inexistência de todo e qualquer direito natural. Já dizia Montaigne: "São engraçados os que, para darem alguma certeza às leis, dizem haver algumas que são firmes, perpétuas e imutáveis, por eles chamadas de naturais [...] Ora, eles são tão infelizes [...] que, num infinito número de leis, não se encontra ao menos uma que a fortuna e a temeridade da sorte tenham permitido ser universalmente aceita [...]." Retomado por Pascal: "Engraçada a justiça que um riozinho limita" etc. Na verdade, Pascal e Montaigne tinham em vista as leis morais.

Mas desde Bodin e Montesquieu ninguém mais duvida da relatividade dos *direitos*. Sobretudo desde o surto das ciências positivas: a história do direito, o direito comparado e a antropologia cultural revelam tal diversidade de instituições jurídicas que é insensato querer atribuir-lhes uma causa "natural"; elas só podem ter nascido da versatilidade humana, de nossa liberdade criadora ou, por que não, do progresso do espírito humano? Não é bom confiar demais, mas podemos apostar – conforme ensinam os sociólogos – no "pluralismo dos valores". Este veda impor escolhas pessoais sob o manto de uma metafísica e de uma fictícia "ordem natural".

c) Dualismo

Finalmente, para Kelsen, a arma decisiva: direito natural é sinônimo de confusão. Em cada litígio o jurista precisa ter uma solução. De cada "sistema" de direito positivo se deduziria uma. Mas suponhamos a interferência de outro "sistema", o pretenso "direito natural"! Acabou-se a esperança de ensinar o que é "de direito", cientificamente. Kelsen quer que o direito seja ciência.

O conjunto desse discurso move-se em circuito fechado. Não há vestígio de um *diálogo*, de um esforço para se comunicar com o adversário, compreender o significado do "direito natural".

Assim determina o atual regime de estudos, em que a história foi mais ou menos alijada dos currículos. Entende-se que esse conceito data de uma época superada desde o glorioso advento das Luzes, seguindo-se o positivismo.

Eu estava aí, quando a incumbência de um curso histórico (pois permitiu-se que alguns sobrevivessem) me levou a abrir a *Suma*.

PESQUISA DE ARISTÓTELES

A atitude de Tomás de Aquino está em oposição flagrante com a de nossos contemporâneos. Em filosofia, ele não era progressista. Ao contrário, tinha o costume de escolher suas autoridades entre os Antigos. Nesse artigo 2, que trata de direito "natural" e "positivo", segue de preferência Aristóteles. Pela simples razão de que também nisso Aristóteles já tinha pensado no assunto.

Numa página extremamente célebre das *Éticas a Nicômaco*, 1134 *b*. Esse texto não tem como ponto de partida ideias puras, mas opiniões. Como sempre, elas são contraditadas.

> É opinião de alguns (*Dokei eniois*) que todo direito se vincularia a esta última categoria (leis positivas, decretos): o que vem da natureza (*physei*) de fato parece invariável, dotado em todos os lugares da mesma potência: o fogo queima do mesmo modo aqui e na Pérsia. Ao contrário, verifica-se que os direitos são mutáveis. Essa proposição só é válida em certo sentido. Entre os Deuses as coisas talvez sejam diferentes, mas entre nós, homens, existem coisas naturais, e nada deixa de mudar, natural ou não. E no que pode assim variar reconhece-se com evidência o que vem da natureza e o que provém da lei e da convenção. Ambos são mutáveis – (*ampho kineta*) etc.

Percebe-se que a discussão na qual se comprazem nossos teóricos nada tem de novo. Há vinte e cinco séculos está sendo ventilada: entre Sócrates e certos sofistas, na Nova Academia – Carnéades ridicularizava a ideia de justiça natural –, entre céticos e pirronianos. Lugar-comum da Retórica da Antiguidade. A diferença é que então existia uma arte de discutir.

Ou seja, formulada a causa, ambas as partes eram ouvidas; se possível, conciliadas. Estamos presos entre duas correntes: por um lado, a ideia, que nos parece eminentemente grega, de que há uma ordem no mundo; ordem implica estabilidade. Mas não menos grego é o tema heraclitiano de que "tudo passa" e tudo é diverso. Conflito permanente entre o Um e o múltiplo.

Na verdade, essa página famosa (de que reproduzi um excerto) é muito rápida e elíptica. Deu dor de cabeça a seus intérpretes.

Percebo que Aristóteles se absteve de construir um sistema unilateral. Teve o cuidado de reconhecer uma parcela de verdade na objeção dos mobilistas. Concorda que "os direitos são mutáveis": um em Atenas, outro na Pérsia. Indubitável quanto aos direitos extraídos do decreto de um legislador: observe-se como são diferentes as constituições políticas, das quais sairão outras tantas espécies de leis diferentes. Mas os fenômenos naturais também mudam, pelo menos "nos homens". Uma comparação: nossa natureza nos inclina a ser destros, mas não impede que um pugilista use a mão esquerda com a mesma força com que usa a direita. Aliás, percebemos sem dificuldade (*dèlon*) o que distingue o natural do convencional...

Os dois pontos de vista são combinados. Aristóteles é o iniciador dessa *divisão*, destinada a ter longo futuro e de início aceita na ciência jurídica romana, entre *duas* principais fontes do direito. Ele *definiu* cada uma delas com flexibilidade suficiente para não se perder de vista a mobilidade comum a ambas: o direito natural vale por si mesmo, não depende de nossas opiniões (*kai outo dokein è mè*), ao passo que o direito positivo, legal (*nomikon*) na origem, "poderia ser outro" e, sendo assim, "provém de nossas convenções".

Simultaneamente se esboça uma divisão entre seus respectivos papéis. A julgar pelos exemplos aqui propostos (e decerto não se trata de uma lista exaustiva), o do direito positivo parece bem parco: avaliação de penas ou sacrifícios, decreto que ordena "fazer sacrifícios ao general Brásidas". Compreendemos que as duas espécies podem coexistir.

Essa doutrina, durante muito tempo acatada na formação dos juristas, será decerto considerada trivial. Solução de meio-termo, ao qual normalmente conduz a via dialética. Pode ocorrer a uma filosofia concordar com o senso comum.

A PESQUISA DA "SUMA"

Depois de ler a *Ética* diante de seus estudantes, Tomás de Aquino reabre o debate, sem o retomar do zero, está claro. Aristóteles fornece-lhe a *causa*, o assunto da discussão: *Utrum jus convenienter dividatur in jus naturale et jus positivum* (qu. 57, art. 2).

Ocorre, porém, que a fórmula de Aristóteles tem adversários. As soluções equilibradas sempre são frágeis. A tendência é preferir teorias simples. A divisão entre dois sistemas unilaterais, *jusnaturalismo* e positivismo, já se prenuncia na Idade Média. Mas Aristóteles contradiz a direita e a esquerda.

1) Primeira *objeção*, já encontrada, a flexibilidade do direito. A prova é aquilo que os juristas romanos já notaram (*D.*, 50.17.1): todas as regras com as quais os homens tentam expressar o direito, em certos casos, falham – *omnes regulae juris humani in aliquibus casibus deficiunt*.

2) Em sentido inverso, contra a existência de um direito positivo: Será da vontade dos homens criar o justo (*jus sive justum*)? Vemos que eles preferem criar a injustiça. O conceito de justo positivo é contraditório.

3) Os cristãos estão sujeitos à lei bíblica, da qual provém um *jus divinum* desconhecido pelos gregos. Impossível qualificar esse direito divino de "natural", pois sua origem é sobrenatural. Também não de "positivo"; ele não "depende" de nossas opiniões. Portanto, a divisão não se sustenta.

Grosso modo, Tomás de Aquino limita-se a reproduzir a resposta do texto das *Éticas* que entrementes os agostinistas haviam deixado perder-se. Porém, sendo mais metódico, ele toma o cuidado de ajustá-la ao que acaba de ser definido (qu. 57, art. 1): o sentido geral da palavra *jus*.

O direito é uma justa relação, uma proporção (*aequalitas*) que o exercício da virtude de justiça tem em vista salvaguardar (*adaequatio*); mas antes é preciso buscar a sua medida. Essa é a função do juiz. Corpo do artigo: basta então observar como e segundo que critérios os juízes fazem esse discernimento.

1) Pode ocorrer que o direito se revele na própria coisa. As relações comerciais, os acontecimentos da vida social *implicam* uma equivalência entre serviços recíprocos, que se mostra em quase todo lugar, até no *potlach* dos selvagens. Em geral, quando um depósito é devolvido, quando um empréstimo é reembolsado, *aliquis tantum dat ut tantumdem recipiat*, ainda que esse princípio possa ter várias exceções. Aí entra o direito natural.

2) Em outros momentos, vemos os juízes referirem-se a uma convenção, privada ou pública. Mesma hipótese, as trocas: é especificado por um contrato o preço exato de uma mercadoria pelo qual se dimensiona, numa venda, a obrigação do comprador. Muitas vezes o preço é tarifado por uma lei pública, hoje tabaco, pão etc. Esse caso não era menos frequente num domínio senhorial medieval. Os preços fixados pela lei de um mercado são convencionais. *Existe*, portanto, um direito positivo.

Até hoje se justifica o texto de Aristóteles. Isso significa que nada deva ser considerado das teses de seus contraditores? Não! Em cada uma Tomás de Aquino reconhece sua parcela de verdade. E tira proveito dela. Elas nos ensinarão que essas duas fontes têm seu ponto fraco.

Ad. 1 – A primeira objeção Aristóteles já levava em conta. *Mutabilidade* do direito natural. No entanto, os produtos da natureza em numerosos casos são idênticos: o fogo, os costumes dos animais – *omnis enim hirundo similiter facit nidum* (*In Phys.*, Mariotti, 259).

Mas a natureza é apenas uma tendência que raramente passa ao "ato", sobretudo "nos homens". O que procede da natureza "nos homens" é sempre mutável. Nem que pela simples razão de que, por essência, os homens são *livres*. Livres, serão levados a viver em diversas situações sociais, a que corresponderão outras tantas variantes do direito natural. No comércio, a coisa emprestada deve ser devolvida; quem toma emprestado em princípio é obrigado a restituir a coisa ao proprietário. Não no caso de nosso vizinho ter depositado uma arma em nossas mãos e no entretempo ter ficado louco e estar com muita vontade de se suicidar, ou ter virado terrorista. A arma não lhe deve ser devolvida. Aqui a *Suma* reproduz um lugar-comum da Retórica da Antiguidade. Tomás de Aquino não tem nenhuma preocupação com a originalidade.

Devemos convir, portanto, que para nós o direito natural, à maneira de um pássaro, é inapreensível. Não dominamos sua ciência. Ela se revelará impossível. Assim é destruída a ilusão de que essa primeira fonte basta, e as portas se abrem para o direito positivo.

Ad. 2 – Mas eis que surgem dúvidas sobre o *direito positivo*, pretensamente criado pelos homens. O positivismo jurídico comete o erro de deixar por conta apenas das leis humanas a produção da justiça. Existem leis iníquas *Vae qui condunt leges iniquas* (Isaías). Uma lei iníqua, precisamente, é aquela que falha em dizer o *aequum*. Suspeita-se da ideia de um "justo legal"!

É a regra do jogo dialético: não bastará refutar esse segundo grupo de contraditores. Tomás de Aquino convirá com eles que o direito positivo só funciona em limites estreitos: era onde estávamos na partida (*ex principio*) segundo a fórmula de Aristóteles, ignorantes do justo natural; quando os dados da natureza deixam na "indiferença". Então cabe ao homem preencher essa lacuna. Era o caso da hipótese mencionada no corpo do artigo: que sabíamos do preço da mercadoria? Como ele inexistisse na origem, foi necessário instituí-lo por lei ou, na falta desta, por um contrato. Um texto bem conhecido das *Éticas* mostrara que a moeda (*numisma*), que serve para medir o valor de troca, é o produto artificial de uma convenção (*nomina*) de troca. Em relação ao direito natural, o direito positivo será complementar, adicional. A propósito das propriedades (II^a II^{ae}, qu. 66, art. 2), a *Suma* explicará que sua distribuição proveio de uma *adição* ao direito natural.

O dialético ganha essa discussão por estar consciente de que seria errôneo depositar confiança cega em qualquer lei positiva. O direito positivo só é aceito com ressalvas.

Ad. 3 – Falta um terceiro ponto, consequência da introdução da *lei* divina das Escrituras na cultura europeia. Contradizendo a fórmula aristotélica, revela-se possível uma mescla entre lei e direito natural.

O fato é que uma parte da lei divina tem a função de revelar verdades de direito natural, de que o homem não tinha conhecimento: elas estavam dissimuladas: *earum justitia homines latet*.

Outro é o caso dos *judicialia* da lei antiga mosaica, o levirato, a lapidação de mulheres adúlteras etc. Essas são relações de *direito positivo*, cuja justiça decorre do decreto do legislador: *bona quia praecepta, mala quia prohibita*. Por isso, perderam validade sob o regime da lei nova (*supra*, p. 98).

Em suma, no interior da lei divina revelada encontram-se as duas formas de direito. O afluxo da literatura sacra para a Europa cristã não muda nada. Contra a incultura reinante, conclui-se que é preciso pôr em ação a divisão depreendida por Aristóteles. A única mudança provocada pela resposta à objeção 3 é substituir a expressão imprópria *justum legale* por *jus positivum*.

KELSEN REFUTADO

Isso basta no século XIII. Mas sabemos que os resultados de toda dialética são precários. Hoje os positivistas voltaram ao poder na Faculdade, distribuindo postos, presidindo as bancas de concurso. Prevalecendo-se da ciência contemporânea, já não duvidam que nocautearam aquela velha "metafísica" a golpes de armas pretensamente novas. Não acho que sejam novas, em absoluto. No entanto, na *Suma*, nunca devemos nos limitar a um artigo apenas. Aquele que acabamos de ler remete a outros.

Retomemos os três argumentos favoritos de Kelsen.

a) Naturalistic fallacy

Inferir uma norma de direito da observação da "natureza" seria um atentado contra a lógica? Depende do que se entende com a palavra "natureza". E o perigo dos cientistas é que eles usam definições "taxativas", convencionais; dão às palavras o sentido que lhes apraz.

Crítica que não se podia fazer aos mestres da Dialética. O diálogo busca a linguagem comum; por isso, recorre-se constantemente à análise da linguagem, pautando-se no uso comum das palavras, com a ajuda de sua etimologia.

Quanto à "natureza", essa investigação ocupava amplo setor da *Metafísica* e da *Física* de Aristóteles, além de outros trechos dispersos de sua obra. O mesmo fez Tomás de Aquino. A respeito, ele comentou a *Física* (Mariotti, n°s 142 e s.), a *Metafísica* (Mariotti, n°s 808 a 826); e não a esquece quando trata do direito natural. Aqui nos limitaremos ao seguinte resumo da *Suma*.

Iª, qu. 29, ad. 4: Como Boécio, para definir o que é "pessoa" (trata-se das pessoas divinas), tivesse usado a palavra *natureza*, Tomás de Aquino foi induzido a fazer um esboço – sem dúvida incompleto – da história semântica do termo.

Segundo Aristóteles, no livro V das *Metafísicas*, "natureza" significou primeiramente geração ou nascimento (*nativitas*) dos seres vivos. Como essa geração procedia de uma causa intrínseca, o sentido da palavra se estendeu e passou a significar o princípio intrínseco de qualquer movimento. Assim o usava Aristóteles no livro II de suas Físicas. Depois, como esse princípio do movimento pode ser formal ou material, tanto a matéria quanto a forma são chamadas "natureza". E, visto que a essência de toda coisa expressa sua forma acabada, difundiu-se o uso de chamar "natureza" à sua essência, que pretende significar sua definição. Boécio usa o termo neste último sentido.

Não está muito claro em qual desses sentidos derivados Kelsen emprega a palavra natureza; talvez no sentido de *matéria* inerte, em que a física galileana decidiu usá-la; e, sem dúvida, os neokantianos, que dividem as ciências nestas duas espécies: *Natur-* e *Geistes- Wissenschaften*. Mas, como não é físico, antes de partir para o ataque, Kelsen poderia ter verificado o que a palavra significa em sua aplicação ao direito. Ela só é compreendida quando remontamos ao sentido próprio, etimológico.

Physis alude, em primeiro lugar, ao crescimento das plantas (*physein*); *natura, nativitas*, à gênese dos seres vivos. A palavra Natureza significava o contrário da inércia, um *movimento*, dotado de finalidade. Heidegger, glosando Aristóteles, chama-a de "princípio originário interno da mudança das coisas" – *Sunt a natura quae videntur habere in se principium alicujus motus et status* (*Phys.*, Mariotti, nº 142). No princípio dos seres naturais reside (nisso está sua natureza) o "programa" redescoberto pela ciência contemporânea numa molécula de DNA.

Não sou suficientemente forte em biologia para saber como a natureza faz medrar uma planta ou um novilho. Força de expressão. Em linguagem estrita, a natureza não é um agente. Os gregos evitavam hipostasiá-la. Provavelmente será preciso esperar a pintura do século XVI e sua paixão pela alegoria para ver a Natureza tornar-se deusa. Na verdade é Deus que age, explicam os autores cristãos, mas age por meio das "causas segundas" conotadas na palavra "natureza".

Voltemos aos gregos. O que eles queriam dizer com isso é que as plantas, os animais ou nosso aparelho digestivo não decorrem de nosso artifício. Uma mocinha é tão pouco autora de sua beleza! Cabe então dizer que tais coisas desabrocham por natureza – *physei* – *naturā*, palavra no ablativo.

Mas esses produtos naturais são organismos associados, como se fossem obra de um artista; *teleonômicos*, como Jacques Monod foi obrigado a reconhecer. Não vejo nenhum paralogismo, a despeito de Kelsen, em descobrir harmonia *numa* rosa.

Segundo constataram alguns filósofos gregos, assim como uma flor nasce, ganham vida naturalmente grupos sociais, comunidades familiares, casamento, escravidão (que hoje chamamos de contrato de trabalho). Na *Suma*, Tomás de Aquino procurará saber se o casamento e a servidão têm origem natural; com algumas ressalvas, responderá afirmativamente.

Comunidades políticas, a cidade de Atenas. Alguém objetará que os atenienses participaram de sua formação? Mas não em virtude de um plano, de uma vontade deliberada; foram a tanto levados por uma espécie de instinto natural. Para que os agrupamentos sociais funcionem, não há necessidade de que os homens tenham concebido de antemão algum "modelo de sociedade", que o senhor Edgar Faure tenha fabricado um novo tipo de contrato social ou que o Congresso de Grenoble tenha forjado um programa. O "programa" está aí por natureza. É até possível que os políticos não sejam capazes de mudar muita coisa. A cidade de Atenas surgiu, e (como dizíamos há pouco sobre a rosa e a mocinha) com sua ordem, com seu *direito*. Sua constituição natural, uma distribuição de tarefas, funções públicas ou privadas, classes sociais; distinção entre crianças, adultos, idosos, homens e mulheres, riquezas. É isso o que se quer dizer quando se fala de seu direito natural.

O jurista não cometerá nenhum crime contra a lógica quando resolver extrair da observação da cidade de Atenas o direito que ela inclui naturalmente. Só aí temos a confirmação de que o direito natural não tem sede num sistema de "proposições normativas", mas nas coisas, na *natureza*.

b) Relativismo

Nossos positivistas voltam ao ataque, alegando as descobertas da ciência contemporânea, ou seja, o velho argumento da diversidade dos direitos. Parece que um direito natural, se existisse, teria de ser uniforme. Nada devendo à história nem à "cultura", às tergiversações humanas, ele seria dado uma vez por todas, sendo idêntico em todos os lugares. Código universal.

Esse é o sentido da palavra *direito* cuja análise Kelsen omite. Encerrado em seu solilóquio, positivista, para quem o direito sai *a priori* de uma lei, não lhe ocorre a ideia de que seja possível distinguir entre esses dois termos. Ele caiu no contrassenso de confundir *direito* natural e *lei* natural.

Vimos que em Tomás de Aquino as duas palavras não são sinônimas. Se, na *Suma*, abrirmos o *Tratado das leis*, no capítulo da *Lei* natural, veremos que ali se indaga se essa lei é imutável (I^a II^{ae}, qu. 94, art. 5) e a mesma para todos (art. 4). A resposta, *grosso modo*, é afirmativa. Sem dúvida, as questões da *Suma* raramente se prestam a respostas taxativas. Tomás de Aquino *distingue* entre um grupo de "primeiros princípios" incluídos na lei natural (sendo o primeiro o de buscar o bem e fugir ao mal), cujo valor é imutável, e as "consequências" que variam. Mas, quanto à "lei natural" de que fala a *Epístola aos romanos*, segundo Paulo "inscrita" (metaforicamente) no coração dos gentios, desempenhando para eles o papel do Decálogo – apesar de desigualmente *conhecida* pelos homens –, cabe convir que é permanente e a mesma para todos (*una apud omnes*).

Bem diferente é o estatuto do *direito* natural (II^a II^{ae}, qu. 57), porque o direito é relação entre pessoas e coisas, mudando com as situações em que pessoas e coisas se vejam implicadas. O *direito* natural é multiforme. Alguém me objetará com esta frase de Aristóteles (*Éticas*, 1134 *b*): "o direito natural em todo lugar tem a mesma potência" (*physikon men to pantakou tin aute'n ekon dynamin*)? É compreender mal. O objetivo de Aristóteles é comparar o direito positivo ao direito natural. Uma instituição positiva, tendo como fonte uma opinião, não deve ser considerada justa universalmente. Por exemplo, ainda que os jovens franceses tenham o direito de votar aos 18 anos, como o senhor Giscard d'Estaing decidiu, não sou obrigado a acreditar que essa solução seja a mais acertada. Mas suponhamos que, por "natureza", à cidade de Atenas convenha um regime democrático; isso merece ser reconhecido por todos e "em todos os lugares". Mesmo que a solução seja própria à cidade de Atenas no século IV a.C.

Em todo caso, esse é o pensamento último de Aristóteles. Se lermos o que segue, veremos que uma coisa é o direito natural "entre nós", e outra na Pérsia. Tomás de Aquino, em seu comentário, nota que Aristóteles, não encontrando contraditores nesse ponto, não fez dele uma *questão*. *Omnia quae sunt apud nos justa aliqualiter moventur* (Mariotti, n° 1026). Móveis e diversos são ambos, o direito natural e o positivo, *ambo sunt similiter mobilia* (*ibid.*, n° 1027).

Decididamente, o contrassenso dos positivistas é imaginar a Natureza à imagem de uma Deusa, que tivesse promulgado leis definitivas. No século XVIII Morelly publicou o *Código da Natureza*. Em Kant também parece haver uma deusa Razão, que secreta "imperativos" de moralidade universal. Os modernos mitologizam. Os clássicos tampouco se abstiveram. Para Aristóteles, o que define o direito natural (*physikon*) é não ser *nomikon* – legal. Ele constata apenas a existência de relações sociais que, não sendo obra de um legislador, consideram-se procedentes da natureza, *physei*. E, assim como naturalmente pulula uma enorme variedade de espécies animais ou vegetais – mangues nos países tropicais ou batatas na América –, também há uma grande diversidade de direitos.

Não variam ao infinito. O número de direitos não é igual ao de *fatos* históricos registrados pelas ciências positivas. Direito não é fato, mas relação justa. Tomás de Aquino escreveu em seu comentário ao texto das *Éticas* (Mariotti, nº 1029) que os direitos são mutáveis, mas que em suas mudanças existem "razões imutáveis" – *rationes rerum mutabilium sunt immobiles*. A "lei eterna" que rege todas as coisas no mundo postula aquela espécie de unidade implicada na própria noção de ordem. O direito natural, se não comportasse certa dose de constância, seria totalmente incognoscível. Mas – elucida – "o que se segue" das Razões imutáveis – os direitos – revela-se mutável e múltiplo (*ea quae consequuntur... moventur*). Uma coisa é o direito natural na Pérsia, outra em Atenas. E outra, sem dúvida, em Nova York no século XX. O uso linguístico, tanto em Roma quanto na Grécia, é menos o singular da expressão "direito natural" e mais o plural direitos: *dikaia, jura*.

Toda a nossa discussão tem o defeito de se dar em mão única: tão radical é a incultura dos positivistas que eles se satisfazem em ignorar a doutrina de seus adversários. Se tivessem conservado o uso do método dialético, teriam entendido que o direito natural clássico não era feito de máximas gerais abstratas, mas de relações jurídicas concretas, apropriadas às circunstâncias, próximas das necessidades da prática.

c) Dualismo

Resta a última razão pela qual Kelsen se lançou em sua polêmica: o medo de que o direito natural impedisse a constituição de um sistema homogêneo de "normas". Afirma-se que o direito positivo constitui um sistema, embora alguns concordem que ele tem "lacunas". Abram as portas ao rival dele, o direito natural, e essa bela ordem se decompõe.

Se Kelsen tivesse lido a *Suma*, teria constatado em primeiro lugar que a filosofia clássica do direito natural deixava considerável espaço ao direito positivo. Não é o direito natural que, deve-se dizer, tem "lacunas"? Em primeiro lugar, é "lacunar" o conhecimento que o homem tem do direito natural? É o que logo verificaremos.

Acima de tudo, o direito natural padece da deficiência de ser um objetivo para o qual *tende* todo grupo social, mas que de *fato* é pouco realizado. A cidade de Atenas não consegue ser uma cabal democracia. Há poucas famílias-modelo. As situações de *injustiça* são as mais frequentes. E, assim como às doenças se opõe a arte da medicina, para essas situações de injustiça é preciso inventar remédios: penalidades (o exemplo de Aristóteles), procedimentos judiciários, técnicas de ações de exceção etc. Eles só podem ser positivos (Iª IIae, qu. 95, art. 1).

Mas a *Suma* não se limitou a constatar, seguindo Aristóteles, a coexistência de dois direitos, mas conseguiu situar cada um em seu lugar, coordenar seus respectivos papéis. Para isso servia a *quaestio*, obra de conciliação dos textos. Qual é a função da lei positiva? Ela *soma* ao direito natural "determinações" ou instrumentos para colocá-lo em prática; e, se escapa a essa função, não merece ser chamada de lei: não é qualquer texto que será chamado de lei.

Non videtur esse lex quae justa non est (*ibid.*, art. 2). O direito positivo, que, aliás, não constitui um "sistema", não corre nenhum risco de contradizer o justo natural, quando concebido para ser seu complemento e seu auxiliar.

Bem mais: não poderia funcionar sem o reconhecimento da existência de um direito natural (*ibid.*, art. 3). Os positivistas minaram as bases de seus "sistemas de normas". Eles as assentam na hipótese de um pretenso contrato social que nunca existiu; ou de uma "norma fundamental" não menos irreal; ou na força do *gendarme*, mas não encontraremos *gendarmes* em todas as esquinas, e nada garante que o *gendarme* observe essas normas positivas. Se o direito só tivesse por origem a pura vontade dos homens, por que os homens seriam obrigados a respeitá-lo? A autoridade ao direito positivo só pode fundamentar-se em seu elo com o direito natural. Não é possível prescindir do direito natural.

* * *

Essa é uma primeira conclusão, manifestamente incompleta; a "questão do direito natural" não está resolvida.

Falta muito para isso. Tal como acaba de ser definido, o direito natural tem o defeito de estar *nas coisas*, ou melhor, existe nas coisas uma tendência a realizá-lo. Ainda não foi demonstrado que ele está presente em nossa consciência.

Ao contrário: à terceira objeção do artigo comentado, acerca dos direitos naturais, Tomás de Aquino respondeu: *justitia eorum homines latet;* sua justiça permanece latente, por nós desconhecida. O texto acrescentava que a lei divina, em certas ocasiões, nos revela parcelas dele, mas não devemos contar demais com isso, visto que a Sagrada Escritura não contém em princípio *judicialia* (*supra*, pp. 98 e 99).

E então? Nada de substancial pode ainda ser tirado desse início de pesquisa. De um direito natural dissimulado no mundo, do qual ignoram o teor e as exigências exatas, os juristas se desinteressam. – Mas um mérito do método dialético é sua aptidão para produzir *distinções:* antigamente se sabia fazer a distinção entre duas séries de questões, confundidas pelo idealismo moderno: as primeiras, especulativas, interrogam sobre a *existência*; as segundas, que apresentam muito mais interesse prático, abordam o *conhecimento* do direito natural. Assunto da *gnosiologia.*

A *Suma teológica* tem a arte de seriar as questões. No artigo 2, que apresenta e justifica o direito natural, Tomás de Aquino põe na sequência uma controvérsia sobre os meios que os homens têm de "apreendê-lo".

EXISTE UMA CIÊNCIA DO DIREITO?

OS SISTEMAS PSEUDOCIENTÍFICOS DO JUSNATURALISMO MODERNO

Aqui mudamos de adversário. Não tenho tanta certeza. Não vejo oposição fundamental entre positivismo jurídico e jusnaturalismo moderno. Ambos são oriundos da mesma obsessão por "fundamentar" o direito axiomaticamente.

Em que axiomas? Hobbes, fundador do positivismo legalista, pode ser rotulado de jusnaturalista em termos de princípios. Construiu-o com base numa ideia da *natureza do homem*, racional e pretensamente livre no hipotético "estado de natureza". Aqui a palavra "natureza" já não alude ao crescimento dos seres nem ao movimento dos grupos políticos, mas à essência estática do homem.

Daí, porém, Hobbes deduziu que o direito seria obra do Poder. Para subtrair o direito ao capricho do Estado, na mesma época, a chamada Escola do Direito Natural fundou uma teoria diferente. Isso foi feito com base em premissas comparáveis às de Hobbes: uma ideia da "natureza do homem", mas na qual se ressalta a "sociabilidade" humana. O homem teria, por natureza, necessidade de associar-se com seus semelhantes, seria naturalmente investido de deveres sociais ou de certos direitos.

Às vezes os mestres da Escola, que, aliás, ensinaram menos direito que *philosophia moralis*, usaram como fundamentos outras ideias: a consistência de "seres morais" (*entia moralia*, segundo Pufendorf), dos quais apresentavam já de saída definições prontas para servir de premissas às suas deduções.

Foi assim que nasceram os *Tratados da Escola do Direito Natural*. Boa parte deles passou para o direito positivo do fim do Antigo Regime. Foi o que ocorreu com o Código francês de 1804. Napoleão imaginava ser definitivo o seu Código Civil e, para começar, exportável para toda a Europa. O mesmo ocorreu com as "Declarações dos direitos do homem e do cidadão". E o que daí saiu, os sistemas constitucionais das "democracias", com base nos quais ainda vivemos.

Alguém responderá: há muito tempo esse discurso "jusnaturalista" está superado, não tem influência. No entanto, os trabalhos de metodologia da Escola de Bruxelas demonstraram que o argumento de direito natural, mascarado sob outros rótulos – "equidade", "princípios gerais do direito" –, continuam tendo importante lugar na prática judiciária, mesmo nos processos de direito privado. Quanto ao tema dos "direitos do homem", produto tipicamente jusnaturalista, nunca esteve tão em voga desde a queda de Hitler ou a crise do stalinismo.

Pelo menos essa é a forma pela qual é agora concebido o direito *tal como deveria ser*, e supõe-se que haja preocupação em torná-lo equitativo. *Dicionário de termos jurídicos*, de Guillien e Vincent: nele, o "direito natural" é definido como critério de valor de *justiça* das regras do direito positivo. E a Justiça é por nós pensada segundo o esquema delineado pela "Escola do Direito Natural": sonho de liberdade perfeita e de igualdade ("os homens nasceram iguais e livres"), a exemplo do "estado de natureza" de Jean-Jacques Rousseau; deduzida de uma ideia da "natureza do homem".

É verdade que o direito tal qual é (*law as it is*) diferiria dessa utopia; divorciou-se da justiça. Mas os pandectistas conferiram ao direito positivo a forma de *sistema* herdada do jusnaturalismo moderno. Do direito fizeram uma *dogmática*. Até mesmo essa expressão é a marca de seu persistente *dogmatismo*. Sem dúvida usam ciências novas, não mais forjadas com base no modelo da geometria, mas sim das ciências experimentais. Mas, tal como em geral as chamadas ciências "indutivas", elas têm a fraqueza de repousar em axiomas arbitrários: o de que o direito se reduz aos ditames do poder político instituído ou, pior, o de que se alinha com os costumes etc. Do racionalismo moderno mantivemos a mania de tratar o direito *cientificamente*.

Em Tomás de Aquino é o contrário. Sua doutrina, em matéria profana, não é deduzida de ideias puras, mas extraída da observação das coisas, percebidas através do prisma de opiniões divergentes; e divergência problemática.

QUESTÃO 57, ART. 3

Abrindo-se a *Suma teológica* no artigo 3, tem-se de início a impressão de que ele trata de outra coisa. Para o leitor, temo que o título seja incompreensível. Trata-se da identidade ou da diferença do direito natural e do "direito das gentes". *Utrum jus gentium sit idem cum jure naturali*.

Como já disse, entretanto, o artigo anterior não satisfazia os juristas. Não basta ter concluído, depois da discussão, que o direito natural existe "nas coisas". Falta procurar saber se ele pode chegar efetivamente ao conhecimento dos homens. E, para começar, de todos os homens, de todas as nações: *jus gentium*.

As objeções e o problema

Assim Tomás de Aquino tem o costume de dissimular problemas candentes sob títulos rebarbativos à primeira vista. Eis a questão subjacente: que podemos saber do direito, por quais meios e com que grau de certeza? Assunto sobre o qual impõe-se consultar os práticos.

A originalidade do artigo está no fato de se atribuir lugar de honra à opinião dos jurisconsultos de Roma. Agora esquecidos. Os autores da "Escola Moderna do Direito Natural", loucos por novidades, já rompiam com a tradição jurídica romana. Falam em nome dela, traindo-a. Domat, no século XVII, trata de um direito romano transposto para uma "ordem" chamada de "natural", que provém sobretudo da Lógica cartesiana ou de Port-Royal. Batiza-se então o Direito Romano de "Razão Escrita". Era um enorme contrassenso, até no uso das palavras "razão escrita". Na Idade Média *ratio scripta* servira para designar, no processo, a espécie de *argumento* extraído do "direito escrito", em oposição aos costumes. Ainda não se tentava converter os jurisconsultos em racionalistas. O verdadeiro direito romano é completamente oposto ao racionalismo.

Na *Suma*, o Tratado da justiça explora – cada vez mais à medida que a pesquisa avança – o *Corpus juris civilis*. Assim, é definitivamente no jurista Ulpiano, de preferência ao Filósofo, que se vai buscar a definição de justiça (qu. 58, art. 1). Em se tratando de Santo Tomás de Aquino, o teólogo não teme reconhecer, em matéria de direito, a competência dos juristas.

Não que ele tenha perscrutado em detalhes o direito romano. Mas no começo do *Digesto* há um trecho importante: livro I, título I, *De Justitia et jure*, em que são resumidos os *princípios* da arte da jurisprudência. Pena que nossos romanistas o tenham posto sob o alqueire. Preferem trabalhar a história das *soluções*, que hoje quase não despertam interesse prático, já que as circunstâncias mudaram, ao passo que os *princípios* têm valor duradouro. Essa série de textos gerais é de uma admirável riqueza de pensamento.

Pessoalmente, eu lhes atribuiria "autoridade" superior às obras completas reunidas de Kelsen, Hart, Dworkin e outros. Está claro que Tomás de Aquino fez uma leitura exaustiva do título primeiro do *Digesto*. Sobre as noções de direito natural e de direito das gentes, o título primeiro do *Digesto* apresenta duas características particulares.

a) A pouca atenção aparentemente dada ao direito natural. As menções expressas a esse termo são raríssimas no *Digesto*. A maioria de meus colegas acredita poder concluir disso que os romanos não teriam aceito a filosofia de Aristóteles. Ainda não estou convencido: não é costume mencionar as filosofias cuja influência nossa conduta denuncia (hoje podem ser as de Kant, Marx, Sartre ou Freud). Não resta dúvida de que no século XX a maioria dos juristas se formou pelo espírito do positivismo jurídico, e que suas obras se ressentem disso. No entanto, passadas as primeiras páginas, não se encontra nenhum uso da expressão "positivismo" em nossos tratados de direito civil.

O "Direito natural" é mencionado no título I do *Digesto*, mas num sentido inesperado: ele se comporia das instituições comuns a todos os animais; "que nascem na terra e no mar e aos pássaros. Donde a união entre o macho e a fêmea, que os homens chamam casamento, a concepção e a educação da progênie pelos animais" (*D.*, 1.1.1, § 3, do jurista *Ulpiano*).

Os modernos, para quem o direito só pode ser obra da razão humana e só teria vigência entre os homens, tacharam de escandalosa essa definição e a riscaram de seu discurso. Só juram pelo homem. Estão errados. É incontestável a existência de uma espécie de direito nas sociedades animais. Mas, considerando-se os exemplos aqui propostos (as relações sexuais e a alimentação que um casal de pombos deveria dar a seus filhotes), é de convir que eles são indiferentes para os profissionais da arte jurídica. A fórmula de Ulpiano justifica o quase total silêncio que os juristas romanos guardam sobre o direito natural.

b) Em compensação, no título I do *Digesto* aparece uma categoria nova (frags. 1, § 4, e 2 a 5). É o *jus gentium*, constituído pelas instituições jurídicas próprias apenas aos homens, mas a todos os homens. Em particular, "as divisões introduzidas na humanidade entre as nações, as divisões de reinos, *dominia*, limites atribuídos aos campos e respectivas implantações das construções imobiliárias, comércio, compras, vendas, contratos de aluguel"... etc., "exceto o que foi introduzido sobre essas matérias pelo direito civil" (*D.*, 1.1.5). Pois, além do direito natural e do direito das gentes, há uma terceira espécie, chamada *jus civile* (*ibid.*, frags. 6-7-8). Mas nada direi a respeito. O direito civil por enquanto está fora de nosso escopo.

Tomás de Aquino trata do *jus gentium*, e se ele é ou não idêntico ao direito natural. A seu respeito surge um *problema*, uma divergência de opiniões. Existem de fato motivos sérios para que não haja acordo quanto à razão de ser dessa distinção.

1) Primeira objeção – Os próprios juristas romanos oscilaram bastante quanto a essa terminologia. Aliás, da definição que Ulpiano acaba de dar de *jus gentium* seria possível inferir uma primeira dúvida. Ele escrevia que o direito das gentes é a parte do direito "sobre a qual todos os homens estão de acordo". Ora, sobre o que estariam de acordo senão sobre o *direito natural*, que vem da natureza e não da arbitrariedade? O "direito das gentes" difere realmente do direito natural?

No mesmo sentido poderia ser citado o famoso preâmbulo das *Institutas* de Gaio (1.1), reproduzido no *Digesto* (1.1.9); Tomás de Aquino o aduzirá adiante. Gaio define o *jus gentium* como: o que para todos os homens procede do uso natural da razão – *Quod vero naturalis ratio inter omnes homines constituit*. Sem fazer nenhuma distinção entre o direito natural e o *jus gentium*, como se os dois termos tivessem duplo emprego. O mesmo fizeram outros juristas romanos.

2) A segunda objeção sai de um exemplo. Escreve-se várias vezes no *Digesto* que a escravidão é da alçada do *jus gentium*. Trata-se até de um lugar-comum transmitido por Isidoro de Sevilha. Ora, Aristóteles "provara" no livro I de sua *Política* que a servidão é *natural*, e tem razão: por natureza existem em todas as cidades senhores e servidores. O *jus gentium*, portanto, mostra-se idêntico ao direito natural.

3) Em terceiro lugar, segundo lição extraída das *Éticas* de Aristóteles, constatou-se que todo direito provém ou da natureza ou da convenção; que se divide em direito natural e direito positivo. Em qual dessas duas espécies incluir o *jus gentium?* Não seria possível qualificá-lo de direito positivo, pois nunca ocorreu uma convenção entre todos os homens para criar uma solução de direito. Portanto, só resta identificar o *jus gentium* ao direito natural. Os dois termos são sinônimos.

4) Em sentido contrário vai a doutrina do título I do *Digesto*, tal como resumida por uma fórmula de Isidoro de Sevilha, que classifica o direito em três espécies *jus aut naturale est aut civile aut gentium*. O *jus gentium* é aí distinguido do direito natural. Não é do feitio de Tomás de Aquino contradizer a autoridade dos jurisconsultos romanos.

A resposta

Mas, na medida do possível, *conciliar* a opinião dos juristas romanos à de Aristóteles. Será preciso que o *jus gentium* seja ao mesmo tempo *idêntico* (*ibid.*) ao direito natural e, no entanto, um pouco *diferente* dele; se ouso comparar, um em duas pessoas.

Como chegar a isso? Distinguindo os *pontos de vista* do Filósofo e os dos juristas. O objetivo do Filósofo era especular sobre a *existência* do direito natural; ele notava que se constituem espontaneamente nos grupos sociais relações de direito. Os jurisconsultos interessam-se pelo direito natural na medida em que ele é passível de ser "apreendido", de prestar serviço à arte judiciária. Transportemo-nos para o terreno do *conhecimento*: o *jus gentium* se mostrará então como uma derivação do direito natural (assim como no *Tratado das leis* se dizia que a lei humana "deriva" da lei natural, Iª, IIªᵉ, qu. 95, art. 2). Não se separa totalmente dela, mas é seu fruto.

A *Suma* distingue aí dois modos de "consideração" do direito:

1) O primeiro "modo" é de "apreensão absoluta". Apreendemos imediatamente, por exemplo, que há uma correspondência, proporção (*commensuratio*) entre macho e fêmea, pais e filhos.

Assim, consegue-se salvar a definição dada por Ulpiano de direito natural. *Jus naturale*, assim como *jus*, é polissêmico. É normal que os juristas, que veem as coisas de um ponto de vista diferente dos filósofos, o entendam de outro modo (in *Ét.*, Mariotti, 1019). Falam de um *jus naturale* de que os animais também teriam conhecimento – *Absolute enim apprehendere aliquid non solum convenit homini sed etiam aliis animalibus*. Como os animais são instruídos dessas relações de direito? Eles as apreendem *vivenciando-as* no âmbito do real.

Esse argumento deixa o leitor cético? A mim também. Mas é a regra do jogo da *quaestio*. A definição do *Corpus juris civilis*, exumada pelos glosadores, disseminou-se nas escolas de teologia. Ganhou foros de autoridade. Negar-lhe verdade seria uma derrota, falta de prudência e de modéstia...

Diremos mais: Tomás de Aquino demonstra um favor constante em relação à definição de Ulpiano. Não vê nela nada de esquisito. Ao tratar do casamento, vale-se dela em várias ocasiões. É o que também faz o Concílio Vaticano II (*Gaudium et Spes*) e Paulo VI em sua encíclica *Humanae vitae*. Pois ela se aplica também aos homens; os homens "fazem amor", criam filhos. Aliás, em certo sentido esses instintos que o homem tem em comum com o animal são nele o mais "natural".

Eis, portanto, uma primeira série de soluções do direito natural. Para a arte jurídica despertam parco interesse. E mais ainda porque a existência de um direito familiar é problemática (qu. 57, art. 4). Adotando essa definição restritiva de direito natural, os romanos depois não terão nenhuma ocasião de utilizá-la. Nossa primeira colheita de "princípios" do direito natural correria grande risco de ser inútil, se eles tivessem algum prolongamento.

2) Vejamos um "segundo modo de consideração" do direito. Desta vez, *próprio aos homens*, animais *racionais*.

A palavra Razão presta-se a equívoco. Aqui, é o contrário de imediatez: como o intelecto humano é incapaz de apreender o concreto com uma vista-d'olhos, nossa razão o subdivide e esforça-se por recompô-lo – *Dividit atque componit* (Iª, qu. 85, art. 5). As relações justas precisam ser "comparadas" a outros aspectos da realidade, àquilo que se lhe segue ou é sua "consequência". *Comparare ad id quod ex ipso sequitur est proprium rationis*. É por intermédio de raciocínios que o *jus gentium* se revela aos homens.

Começa-se então a compreender que esse artigo representa o esboço de uma teoria do conhecimento jurídico.

SIGNIFICADO DO "JUS GENTIUM"

Jus gentium: noção que desapareceu da cultura jurídica moderna. Termo intraduzível. Em todo caso não se deve traduzir como direito internacional público (*jus inter gentes*), coisa que ele sem dúvida não significa nesse artigo da *Suma*, nem no *Digesto*, nem em Gaio.

Todos os exemplos do artigo são extraídos do direito *interno*, do direito privado: tal campo (*iste ager*) pertence a tal pessoa (*hujus vel illius* – corpo do artigo)? O estatuto de escravo (*servus*) cabe a tal homem (*hunc hominem*) mais que a outro (*magis quam alium*, ad. 2)? Esse é o tipo de indagação habitual dos juízes.

Deve-se notar que se trata de casos *particulares*. *Direito* não é sinônimo de *lei*, sobretudo de lei moral. Os imperativos da moral, necessários ao bem da pólis, têm o inconveniente de ser vagos: Não roubarás! Não cercearás o campo do teu vizinho! Será suficiente, se eu ignorar a área do campo do vizinho? *Direito* é coisa, medida precisa dessa relação particular entre nossos patrimônios.

Nem o direito natural clássico nem o *jus gentium* têm sede nessas máximas universais que embalarão os jusnaturalistas modernos. Eles são feitos de soluções concretas. Relações singulares de direito, esse é o objeto cujo conhecimento o jurista buscará.

Com que método? Em que consiste esse trabalho da "Razão"? Nosso artigo é breve. Indica que o juiz procura saber "se é útil" que o campo seja de X, e não de Y, ou este homem escravo daquele outro...

Dificuldade: para Tomás de Aquino, nossa inteligência é inapta ao conhecimento do singular. Não se "compreende" o individual, a não ser *através* das "razões" mais ou menos comuns, por intermédio de "casos concretos", daquilo que o individual comporta em si mesmo de geral.

Como? Outros trechos da *Suma* haviam mostrado que faculdade intervém aí: a *prudência*, instrumento ordinário do juiz (II$^{\underline{a}}$, II$^{\underline{ae}}$, qu. 60, art. 1), visto que a prudência tem precisamente a função de deslindar as situações singulares e contingentes. Por isso a filosofia, cuja matéria é o estável e o universal, se reconhece incompetente.

A série de questões dedicadas à análise da prudência (II$^{\underline{a}}$, II$^{\underline{ae}}$, qu. 47 e s.) esclarece seu método progressivo. De saída, ela deve ser armada com os princípios primeiros, de que se deve visar ao bem, o justo no caso. No entanto, "princípio" não é axioma, "de princípios não se deduz nada".

Para nos transportarmos dos princípios às conclusões particulares, que Tomás de Aquino chama de remotas (*remotae*), será preciso descobrir "princípios próprios" por meio da observação. E, como nos é impossível apreender a coisa à primeira vista, será preciso manejar (desculpem-me!) a Dialética. A *Suma* explica que, em sentido lato, ela faz parte da prudência (qu. 48, art. 1). Reunir-se em conselho, *considium* (*supra*, p. 43).

É necessária uma instância contraditória em todo *judicium*. Tomás de Aquino ressalta que no processo ambas as partes devem ser ouvidas, e o juiz, considerar os pontos de vista dos dois adversários, qu. 60, art. 1, ad. 3 – *qui utrumque valeat arguere et ponere manum suam in ambobus* – cf. as qu. 67 e s. sobre o caráter contraditório do processo penal. O terreno dileto do diálogo é o processo judiciário. Seu termo será dado pela *sentença* do magistrado, ato este individual desta vez, tal como na *quaestio* escolástica o mestre apresenta a conclusão.

Alguém dirá que são banalidades? Recentes trabalhos de metodologia (Englisch Esser na Alemanha, Chaïm Perelman na Bélgica etc.) acabam de nos informar que o direito nasce dos julgamentos, e todo julgamento, de controvérsias. Fazem de conta que descobriram isso. Tomás de Aquino o ensinara, com mais acerto; é que o método da *quaestio* e a maravilhosa largueza de visões que o caracterizam levaram-no a considerar a experiência dos juristas romanos.

Admira-me que, não sendo jurista, mas mostrando-se capaz de confrontar o direito romano clássico aos textos de Aristóteles, ele tenha percebido com tanta lucidez o espírito daquele direito. O direito romano é, antes de tudo, *jurisprudencial*. Deve pouca coisa à iniciativa do legislador. Suas famosas *regulae juris* são deduzidas de sentenças de juízes, produto da prudência dos jurisconsultos. Ou seja, da "consideração" de relações de direito preexistentes.

Dig., 50.17.1: A essência da regra é descrever a coisa (*rem quae est*) numa fórmula breve. Não é preciso que o direito seja extraído da regra, mas que do direito existente seja extraída a regra. *Regula est quae rem quae est breviter enarrat. Non ex regula jus sumatur, sed ex jure quod est regula fiat.*

Pelo menos isso se verifica *numa das duas partes* distinguidas pelas *Institutas* de Gaio (1.1.1) no direito romano. O início desse texto estava reproduzido no título I do *Digesto* (1.1.7): "O povo romano usa em parte seu direito próprio", mas também em parte um direito comum a todos, universal. Não dissemos "internacional". Mas universal, porque, com o uso de uma "razão" comum, foi extraído da "consideração" das coisas. Sobre ele todos deveriam estar de acordo.

Por isso, o "pretor peregrino" podia aplicar a estrangeiros, em Roma, soluções da jurisprudência romana (p. ex., em matéria de venda, aluguel, restituição de valores pagos indevidamente ou reparação de danos). Por isso também, em quase todos os povos conquistados pelos exércitos romanos, os tribunais do imperador tentaram difundir esse direito comum. Até nós, europeus, recebemos a maior parte dessas regras comuns. E esse produto puro do trabalho da jurisprudência romana é batizado de *jus gentium*, *Vocaturque jus gentium* (*ibid.*).

* * *

Estamos vendo o reverso da medalha. Oriundo de um processo de conhecimento dialético, o *jus gentium* será composto apenas de conclusões *dialéticas*. No termo desse processo intervém um elemento decisionário; nesse aspecto o *jus gentium* aproxima-se do direito positivo. Suas regras não poderiam ter pretensões à certeza científica: "toda definição (ou toda *regula*) é perigosa em direito civil. Poucas não se prestam à refutação" (*D.*, 50.17.202). Na falta de certeza sobre a verdade das sentenças (opiniões) dos juízes, cabe aceitá-las como verdade. *Res judicata pro veritate habetur.*

Qu. 57.2.1: *Omnes regulae juris humani in aliquibus deficiunt, nec habent suam virtutem ubique* (cf. 60.5, ad. 2 etc.). As conclusões do *jus gentium*, em vista da fragilidade do intelecto humano, só valem *in plerisque*, no maior número de casos, porque as coisas mudam, e a regra é extraída das coisas. Não se deve esperar mais dessa *arte* que é a jurisprudência.

Existe uma *ciência* do direito? Para começar, o que sabemos do direito natural? Sem dúvida apreendemos "em si", com certeza, essa primeira e pobre série de relações jurídicas que os animais também percebem, que Ulpiano chama de *jus naturale*, dando a esse termo um sentido estreito. Mas sobre o que é "útil" aos homens, o *jus gentium*, extensão do direito natural, nosso conhecimento é capenga. A essa advertência levou o confronto de Aristóteles com textos romanos.

COMPLETEMOS NOSSO CATÁLOGO DOS SENTIDOS DA PALAVRA "JUS"

Abro um parêntese. A propósito da definição da palavra *jus*, citamos o começo de uma resposta à objeção extraída do jurista Celso (*supra*, p. 130).

Dizíamos que o sentido das palavras se adapta à diversidade de aspectos apresentado por cada coisa. *Jus*, assim como a palavra medicina – exemplo favorito de Aristóteles –, ganha múltiplos sentidos.

Acompanha as etapas sucessivas atravessadas pelo direito em seu *movimento:* movimento primeiramente da *natureza*, graças ao qual se constituem relações de direito nos grupos sociais (*jus* ou *justum naturale*); mas em seguida movimento da *Razão*, via pela qual os homens têm acesso ao conhecimento do direito; por fim, a sua formulação.

Vejamos a continuação da resposta. Tomás de Aquino inspira-se de novo num trecho extraído do título I do *Digesto* (*D.*, 1.1.11). Apaga suas referências às instituições judiciárias próprias à antiga cidade romana.

> Ita etiam hoc nomen jus primo impositum est ad significandam ipsam rem justam; postmodum ita derivatum est ad artem qua cognoscitur quid sit justum; et ulterius ad significandum locum in quo jus redditur sicut dicitur aliquis comparare in jure; et ulterius dicitur etiam jus quod redditur ab eo ad cujus officium pertinet justitiam facere, licet etiam id quod decernit sit iniquum.

Portanto, para a palavra *jus:*

1) O sentido primordial era "o justo": *ipsa res justa – id quod justum est*, objeto para o qual tende a justiça, tal como o Filósofo definira.

2) É diferente a fórmula de Celso: *Jus est ars aequi et boni*. Considerado do ponto de vista do Jurisconsulto, em escala humana, *quoad nos*, o direito torna-se uma *arte*, vinculada ao *conhecimento: ars qua cognoscitur quid sit justum*.

3) *Locus in quo jus redditur*: pois o papel do jurisprudente não é de conhecer "o universal", proclamar fórmulas vazias, como hoje os "direitos humanos". O conhecimento concreto do direito se dá no processo, *in jure*, "lá onde compareçam" os litigantes em presença de um juiz. O justo é buscado em cada *caso*.

4) Derivação seguinte: é chamada de *jus* a sentença do juiz, ou aquilo que foi *decretado* pelo magistrado encarregado de fazer justiça. No final surge o direito com *forma* finita, de sentença, ou *regula*, passagem dos "princípios" confusos às determinações escritas.

5) *Etsi iniquum*. Paulo escrevera no *Digesto: etiam cum inique decernit*. A linguagem romana reconhece a existência de um direito mesmo quando o magistrado romano tenha proferido um decreto injusto.

Etsi iniquum! Constata-se que Tomás de Aquino não tinha medo de se contradizer. Eis aí *jus* significando o injusto, a crer-se na autoridade do Jurisconsulto! Sem dúvida, a regra injusta pode ser refutada. A ela se oporá o lugar-comum de que a controvérsia judiciária faz tão amplo uso (*supra*, cap. 4): "lei injusta não é lei". O *jus gentium* é matéria de uma dialética permanente.

Não escolhi esse texto apenas porque nele são recapituladas as etapas de produção do *jus gentium*. "O que foi decretado pelo magistrado romano, denominado *jus honorarium* pelo jurista Paulo, já é *direito positivo*." Última versão da palavra *jus*.

Ficaríamos surpresos se Tomás de Aquino escamoteasse o direito positivo. No artigo 2 vimos que ele justifica sua existência, a título de complemento necessário do direito natural (*supra*, pp. 142 e s.). Outra apologia do *Tratado da lei humana* (Iª IIᵃᵉ, qu. 95, art. 1). Embora visasse sobretudo à regra de conduta moral (*regula actuum*), quando cabível esse tratado fala também de *leis jurídicas*, cuja função é dizer o direito. Assim, a lei antiga comporta *judicialia* (*ibid.*, qu. 104).

Voltando ao texto comentado (qu. 57, 3), indiretamente ele exalta a função do direito positivo, igualando-o ao direito civil. Aqui surge um último problema.

O título I do *Digesto*, na forma como Isidoro de Sevilha o resumira, apresenta uma tripartição do direito: *Jus aut naturale est aut civile aut gentium*. Depois disso, nosso artigo limita-se a comparar direito natural e *jus gentium*. Cala-se sobre o "direito civil", o que equivale a vinculá-lo ao direito positivo de que tratava o artigo anterior (57.2).

Não é uma obviedade assim qualificar o "direito civil". No *Digesto* o jurista Pompônio, ao contrário, definira o *proprium jus civile* como "o que, na ausência de lei escrita, provém exclusivamente do trabalho de interpretação dos prudentes" (*D.*, 1.2.1.12). E, sobretudo, Tomás de Aquino opõe-se à doutrina de Aristóteles, que incluía no direito civil (*Dikaion politikon*) tanto o direito natural quanto o direito positivo de uma comunidade política (*supra*, cap. 8).

Tomás de Aquino discutira esse ponto de terminologia em seu comentário às *Éticas* e respondera observando que aí "a linguagem dos juristas difere da dos filósofos": *Sed attendendum est quod aliter sumitur politicum vel civile apud Philosophum et aliter apud juristos* (Mariotti, 1017). O Filósofo olha para "o uso". E "toda a cidade usa ao mesmo tempo o direito comum e um direito próprio".

Como, porém, precisam classificar os textos segundo sua "causa" e o tipo de autoridade, os juristas reservaram o rótulo de direito civil à parte do direito que sua cidade adotou como direito próprio, pelo artifício da lei (*lege posita*).

Pelo menos é o que ocorre nos textos do *Digesto* que Tomás de Aquino tem em vista justificar. As respostas da *Suma* são sempre *relativas* aos textos. E, sem hesitação, ele opta pela linguagem dos juristas. Escolha explicável, pois o destino ordinário das regras do direito é acabar como textos positivos. A partir do momento em que, no Baixo Império, o imperador Justiniano o promulgou, o *Digesto* assumiu a aparência de um corpo de leis imperiais. E foi assim que, na Idade Média, os glosadores o receberam, batizando de "leis" os textos do *Digesto*.

O que cabe concluir? Sem dúvida Tomás de Aquino guardou a lição de que o *jus gentium*, conhecimento do direito natural, é a "primeira parte do direito" (segundo a doutrina de Gaio), e as leis positivas não passam de consequência ou instrumento dele. Mas observa: 1º Que as conclusões do trabalho jurisprudencial são incertas e flutuantes, e 2º Que o "direito civil", direito por excelência (transmitido à Europa no *Corpus juris civilis*), foi por ele classificado sob a rubrica de direito positivo. Será que essas duas teses não mereciam ser notadas, vindas de um suposto jusnaturalista?

O TOMISMO REFUTADO

Tomás de Aquino não era "jusnaturalista". Os responsáveis por essa medíocre ideologia, de origem moderna, foram seus discípulos infiéis. A primeira eclosão consistiu na obra da *Segunda Escolástica*, sobretudo espanhola, cujo impacto foi determinante sobre a "Escola do Direito Natural", como estabeleceram trabalhos históricos recentes.

Tem-se o costume de glorificar os escolásticos espanhóis – Vitoria, Suarez, Molina –, atribuindo-lhes um primeiro renascimento da doutrina de Tomás de Aquino. Na realidade, esses autores, abrigando-se sob sua égide, a misturaram às filosofias de Duns Escoto e Guilherme de Ockam, havia dois séculos predominantes nas faculdades de teologia. Nascendo logo após a condenação de Paris e Oxford contra a *Suma teológica*, o escotismo e o ockamismo se alinharam à contracorrente. Daí saíra uma espécie de positivismo jurídico de que a escolástica espanhola mal conseguiu se libertar, e que – é de surpreender? – engendrou o jusnaturalismo.

É já significativo o comentário (ou o que pretende sê-lo) de Vitoria sobre o *jus gentium*. Vitoria faz do *jus gentium* um direito positivo baseado no consentimento universal de todos os povos civilizados ou de um grupo de nações cristãs. Leva seus estudantes a crer que essas teriam sido as conclusões da *Suma*, ao passo que em todas as cartas Tomás de Aquino rejeitava o mito do consentimento universal (57, 3, 1) ou o fato de que a lei ou a convenção pudessem ser fonte do direito das gentes: *non indiget aliqua institutione* (*ibid.*, ad. 3). Não! O *jus gentium* era conhecimento do direito natural. Mas a doutrina de Vitoria difere da de Tomás de Aquino desde o princípio, por suas *intenções:* mais que filósofo especulativo, Vitoria é um *pragmático*, serve a uma causa, à consolidação de uma ordem cristã e monárquica. Seu objetivo é a invenção de um direito internacional composto de regras positivas, ao mesmo tempo precisas e estáveis. A Europa moderna estava ávida de *legislação*. E por esse caminho o direito das gentes arrastou o direito natural.

O meio pelo qual os tomistas realizaram essa inversão foi assimilar direito e lei – dois termos que, como dissemos, Tomás de Aquino faz questão de distinguir. Reatando com a tradição dos

Pais da Igreja latina, inspirada na linguagem bíblica, Escoto e Ockam reduziram o direito a nada mais que obediência aos preceitos de um legislador. Pensavam em primeiro lugar em salvar o primado da lei do Evangelho e, subsidiariamente, as leis imperiais. Quanto aos resultados do trabalho autônomo dos jurisprudentes, pouco dispostos a levar em conta fontes profanas, eles não lhes davam atenção. Mergulharam o direito na lei. Foi o que ocorreu com a *Segunda Escolástica*. Esse processo de confusão culmina com a obra de Suarez. Suarez avisa já no início do livro (1.2) que usará a palavra *jus* como sinônimo de *lex*.

O truque deu certo. Bastou trair a terminologia. Os tomistas forjarão uma forma inédita de direito natural, afirmando vinculá-lo ao *Tratado das leis* da *Suma*.

Mas precisarão de novos truques: escamotearão a pedra angular, a *Lei eterna*, Razão de Deus a governar o mundo. Como não é formulada, quase desconhecida para nós, os teólogos pragmáticos nada podem dizer sobre ela. Da *lei divina* positiva – visto que o Evangelho entende pouco de *judicialia* – é difícil deduzir um direito. Os tomistas lançaram mão da *lei natural*, com que fizeram um *direito* natural.

Na *Suma*, a lei natural é *moral* e não tem incidência, pelo menos direta, sobre o direito. Mas do ponto de vista dos espanhóis ela tem insignes vantagens: estar – segundo Paulo – "inscrita no coração de todo homem"; *vis innata*, disse Cícero, em que a palavra *natureza* muda de sentido. Em vez de designar o crescimento natural de uma ordem social, significa a imediatez de certas máximas gerais, extraídas da "natureza do homem"; estas funcionarão como *axiomas*. Por outro lado, como a lei natural está repetida no Decálogo, os teólogos se declaram seus intérpretes autorizados – acreditam possuir sua fórmula. Ela se torna quase positiva, subentendendo-se com isso: ditada por Deus e alimento predileto dos clérigos. Sobre ela, estes forjarão um "direito natural" autodenominado "cristão", uma "doutrina social cristã" – o que já tem bem pouca conformidade com o espírito do autor da Suma –, dotado de autoridade quase religiosa. No século XVII, será secularizado apenas na aparência, quando a deusa "Razão", legisladora, substituir o Deus dos cristãos.

Então os prestidigitadores da Escola do Direito Natural extrairão dos deveres *morais* da lei natural (na verdade, consideravelmente extraídos da moral ciceroniana) uma coleção de regras de *direito*. Do dever de cumprir promessas será extraída a obrigação jurídica imposta aos operários de respeitar contratos de trabalho iníquos: acaso eles não deram sua palavra? Solução de nosso Código Civil (art. 1.134). O dever de "restituir", reparar danos causados ao próximo, serve de norma a nosso direito da responsabilidade civil (CC fr., art. 1.382). E o que não se deduziu do preceito: "Não roubarás"? Os poderes dos proprietários são "invioláveis e sagrados" (Declaração dos direitos do homem, art. 17, CC fr., art. 544). Do dever de caridade, o direito com que foram gratificados todos os homens à vida e à inteligência. Ainda não nos livramos dessas mistificações.

Os espanhóis por certo chegavam a outras consequências. O jusnaturalismo presta-se a servir a qualquer causa: ora a ordem, ora as liberdades individuais. Depende do objetivo que se tenha em vista. Basta mudar de axioma. Em lugar da lei natural, que contém sobretudo deveres, pode-se alegar a "natureza humana" e daí inferir direitos humanos. Ou alguma outra definição. *A priori* se deduzirá o sistema do direito, ou do direito tal como deveria ser. O jusnaturalismo, tanto quanto o positivismo hobbesiano, nasceu da obsessão de *fundamentar* o direito axiomaticamente.

Basta olhar os livros sobre o "direito natural cristão" e tomista, que não param de pulular. Percebe-se que o mesmo procedimento é sempre adotado: em vez de investigar a partir das coisas, deduzir a partir de ideias puras. É a inversão total do ensinamento de Tomás de Aquino.

Caberá discutir? Já o fiz em outro lugar; depois de muitos outros denunciei o fracasso de todos esses construtos. Foi absurdo converter em regras jurídicas as leis da moral comum, imperativos criados para servir de guia, mas de modo vago e incompleto, às condutas individuais. A tarefa do jurista não é pregar que devemos cumprir nossas promessas e que o roubo é proibido; cabe-lhe procurar saber *que* contratos são obrigatórios na vida social, *que coisas* são de um em relação aos outros[1]. Não menos enganadores são os "direitos humanos". Da "humanidade do trabalhador" é uma aberração deduzir o direito de todo trabalhador à greve[2], e do desejo natural de não envelhecer, o "direito à saúde". Essas magníficas teorias jusnaturalistas baseiam-se em paralogismos, a menos que encubram hipocrisias.

Acrescente-se que o pior efeito da ideologia jusnaturalista é provocar divagações opostas, em reação à sua tolice e à sua injustiça. Resultado disso é o caos inextricável de nossas teorias gerais do direito. Eu escrevia no início do capítulo e corroboro que *não temos filosofia das fontes do direito*. Temos um conglomerado de sistemas, que todos sacrificam a alguma ideia fixa. Aqui a "Justiça" cuja saudade não morreu; ali, o *fato*, idolatrado pelos "pseudorrealismos" do século XX. A lei protege seus fanáticos; contra eles se erguem, submergindo-os, os obcecados pela *experiência* jurisprudencial: reduzem o direito a processo, e o processo a "retórica" de advogados – penso nos trabalhos da Escola de Bruxelas...

---

[1] Cf. *Seize essais*, pp. 107 e s.
[2] Cf. *Le droit et les droits de l'homme*, pp. 97 e s.

Normativismo, Sociologismo etc. Construtos simplistas, unilaterais, insustentáveis. Não me surpreende que os juristas tenham excomungado toda a filosofia do direito.

Teria sido suficiente recolher três artigos, perdidos na floresta da *Suma*, para encontrar *todos* esses temas hoje dissociados – *membra disjecta* –, conciliados e constituindo uma doutrina completa – na medida do possível. Ela nos seria útil. Adoto-a, já que em nenhum lugar encontrei coisa melhor, mais englobadora. Azar, se ela desconcerta. O império da Técnica destruiu a arte do justo, assim como matou a cultura do belo. Seria errôneo resignar-se a isso.

Preocupa-me menos ainda o fato de ela ser "medieval"! Pouco importa o nome de seu autor. *Studium philosophiae...* (cf. epígrafe deste livro).

10

EPÍLOGO

Que pena! Íamos encetar as questões concretas, de interesse prático, sobre política e direito. A realeza davídica é modelo? O Evangelho nos dá uma teologia da "libertação"? Tomás de Aquino foi monarquista, tal como acreditaram alguns clérigos da *Ação francesa*? Ou, segundo outros, precursor da Democracia Cristã? Acharia ele que na origem os homens "nasceram iguais e livres"? Qual teria sido seu juízo sobre o conceito moderno de *Estado*?

Caberá pôr sob sua égide a causa dos proprietários, ou algum sistema parassocialista (uso comum das riquezas, imposição do "preço justo" e proibição da usura)?

Quanto a direito penal, talião, razões de ser da pena, soluções comedidas ditadas pela "misericórdia", a *Suma* fervilha de textos. Teria ele pendido mais para o campo da "segurança" ou da defesa das "liberdades"?[1]

---

[1] Cf. "La politique de Saint Thomas" [A política de Tomás de Aquino]. In: François Chatelet, Olivier Duhamel, Evelyne Pisier (dirs.). *Dictionnaire des grandes oeuvres politiques*, 1986; Michel Villey, "De l'enseignement de la Politique selon Saint Thomas" [Do ensino da Política segundo Tomás de Aquino], *Studi tomistici*, 4 d.d., Roma, 1980, pp. 258 e s.; *Échanges et distributions comme catégories du droit civil*, Institut de droit romain, 1984; "Notes sur le concept de propriété" [Notas sobre o conceito de propriedade], in: Michel Villey, *Critique de la pensée juridique moderne*, 1976, p. 187; "Des délits et des peines selon saint Thomas" [Dos delitos e das penas segundo Tomás de Aquino], *Archives de Philos. du Droit*, 1983, pp. 181 a 207; *La*

Mas o número de páginas judiciosamente medido por nosso editor já está completo.

ÚLTIMO ELOGIO À "QUAESTIO"

Teremos parado no limiar. Entre os milhares de artigos da *Suma*, teremos lido apenas seis ou sete, de modo hesitante e rudimentar. Pois não passávamos de iniciantes, a quem faltava formação em filosofia escolástica. Donde a pobreza de nosso vocabulário. Eis um livro sobre Tomás de Aquino no qual não são sequer mencionados: "analogia de atribuição", "analogados", "analogantes", "razões segundas de intenção", "direito natural secundário"... nem "Metafísica do Ser"!

Desobedeci ao papa Leão XIII. Este, em sua Encíclica *Aeterni Patris*, prescreve que devemos nos basear nos comentários de Cayetano, Silvestre de Ferrara e João de São Tomás. Quanto aos especialistas em "direito natural cristão", antes de abordarem Tomás de Aquino, passam por Suarez. Em vez disso, debrucei-me sobre o texto sem intermediário. E ocorreu-me sentir grande admiração pelo gênero da *Quaestio*, praticado pelo autor da *Suma*. Aqui a lemos segundo esse método.

As autoridades competentes não se absterão de me acusar de tê-lo traído: em sua obra a dialética não desempenharia função importante. Além do mais, seria arbitrário afirmar que ela desapareceu. Por acaso o nosso século não está atulhado de controvérsias científicas, colóquios, simpósios, "diálogos" informais?

Mas nisso vejo apenas uma caricatura da arte dialética. Creio ter visto no método da *Suma* méritos perdidos. Recapitulando:

---

fonction rétributive de la peine chez Saint Thomas (Paris: PUF, II, 1983); "La responsabilité pénale selon Saint Thomas" [A responsabilidade penal segundo Tomás de Aquino], in: Michel Villey, *Seize essais*, pp. 247 e s.; e "Saint Thomas et l'immobilisme" [Tomás de Aquino e o imobilismo], in: Michel Villey, *Seize essais*, p. 94.

1) Em primeiro lugar, tem a vantagem da *simplicidade*. Desde que nos abstenhamos das traduções francesas e deixemos de lado o jargão tomista. Seu vocabulário, as palavras ato, potência, *habitus*, substância, intenção etc., é retirado da linguagem comum, cotidiana, do povo (*supra*, p. 19). Diferentemente dos tratados do tomismo moderno, abstinha-se de abusar da "analogia", a não ser no sentido de proporção, familiar a todo comerciante. Nela não encontro nenhuma Filosofia do "Ser" com maiúscula: ela faz uso do verbo *esse* e de suas formas derivadas (*ens – essentia*), palavras até que correntes! Por quê? Porque os dialéticos, em vez de partir de conceitos de Escola, trabalhavam com *opiniões* proferidas por eruditos.

Nada mais fácil que a leitura de uma questão da *Suma*. Sem dúvida, em latim. Mas num latim infinitamente mais acessível que as versões de Tácito do liceu! Um latim que não deveria afugentar o público. Mas, nesse caso, é bem possível que eu esteja alimentando ilusões.

2) *A vantagem da vida* – Os artigos da *Suma* são instigantes. Desde que não se use a falsa grade de interpretação que os comentadores da *Segunda Escolástica* impuseram para atender às necessidades de suas causas e são perpetuadas por nossas traduções.

Afora alguns casos excepcionais, ele não tem o objetivo de defender nenhuma *tese* anunciada de antemão. Seu ritmo é outro. Em primeiro lugar, introduzir a *dúvida*, provocada pela coexistência das "objeções" contraditórias, depois encontrar um caminho que sirva para sair do labirinto. O rio não para de avolumar-se com opiniões novas e vai desembocar num feixe de respostas multiformes (*supra*, cap. 4) ou no leque de sentidos de uma palavra. Ex.: *jus* (cap. 7). Não há conclusão simples. Uma *questão* não tolera ser resumida. O estatuto da razão humana é a procura, não a "quietude" de uma ciência acabada.

Nada mais morto que um tratado de tomismo moderno (ou que a maioria de nossos livros). Um artigo de Tomás de Aquino é vivo do começo ao fim.

3) *Modéstia* – Divisão de tarefas: à teoria cabe apreender o *universal*, extraindo-o por via de abstração das coisas singulares. Por exemplo, definir o direito e seus momentos constitutivos. O que nada tinha de inútil. Hoje, quando os especialistas nas pretensas ciências jurídicas se eximem de definir o direito, já não se sabe qual é seu assunto.

Por outro lado, Tomás de Aquino, cuja obra é especulativa, confessava sua incompetência para resolver casos práticos, conhecer situações particulares e contingentes com as quais são defrontados juízes ou legisladores. Transferia à *prudência* dos práticos a tarefa de lhes dar resposta. *Haec controversia juristis est relinquenda* (Quodl. IX, qu. 7, art. 2 c).

Como é diferente a atitude de nossos modernos "intelectuais"! Um Jean-Paul Sartre e alguns outros filósofos do século são devorados pelo prurido da *práxis* política na qual em geral só engendram aberrações. É melhor um professor ter consciência de que suas obras têm pouca influência sobre o acontecimento.

Tomás de Aquino é modesto, sobretudo em suas *conclusões*. Elas são dialéticas, *relativas* às "objeções" formuladas no início do artigo.

Por exemplo, o problema do direito natural, discutido no capítulo VII, e da relação que ele mantém com o direito positivo. Caberá exigir, no que se refere à definição desses dois direitos, certezas definitivas e fundamentadas em autodenominadas evidências aprioristicas? Tomás de Aquino limita-se a perguntar se a fórmula de Aristóteles, retomada pelos juristas romanos, *convém* –

ou seja, harmoniza-se com outras teses aceitas. *Utrum jus* CON-VENIENTER *dividatur in jus naturale et jus positivum*. A conclusão aí depende de uma linguagem inventada na Grécia e em Roma. Aliás, opiniões bem escolhidas.

E não é possível fazer mais. Salvo exceção, quando comentava um artigo de fé, Tomás de Aquino não podia, honestamente, pretender mais. Continuaremos afirmando que da *Suma* se deve extrair uma lição de antidogmatismo.

4) *Riqueza das conclusões* – O jurista vai se sentir em casa. Pois a razão dessa riqueza é o jogo dialético: fazer o exame mais completo possível de todos os pontos de vista sobre a coisa. Ouvir ambas as partes. *Audiatur et altera pars*!

Não só a Sagrada Escritura e a Patrística, às quais tendia a restringir-se a cultura da alta Idade Média. O criador não dotou em vão todos os homens de inteligência natural. Tomás de Aquino prestou à Europa o serviço insigne de integrar à discussão as opiniões dos filósofos, previamente confrontados, de preferência Aristóteles porque o próprio Aristóteles já fizera esse confronto. Quando o que está em questão é o direito (ou seus termos fundamentais), ele leva em conta textos jurídicos. Por esse motivo o artigo, recusando-se a deter-se numa fórmula simples, desenvolvia-se numa visão de conjunto da *causa*.

Não chegamos mais a isso. A *Quaestio* está morta. Quanto ao Diálogo, ao qual Francis Jacques tenta hoje restituir lugar de honra, perdemos sua arte. Eu mesmo terei feito mais que monologar? Se os atuais currículos permitissem, eu teria preferido uma discussão. Mas acabo de, mais uma vez, perpetrar um curso magistral, edificado sobre uma ideia fixa; um mesmo e constante *Leitmotiv*. Talvez, no que me diz respeito, sistematizado? Se assim for, nosso livro não terá atingido seu objetivo.

Monolitismo, esse é o inimigo! Em vez de cantar o progressismo, o "criativismo" em literatura, seria menos trapalhona a política cultural que, por acaso, tivesse em mira livrar-nos dos *ismos*, marcas dos excessos e da pobreza de nossos sistemas. E entre eles, nos pontos dos quais eu teria de tratar: clerical*ismo*, monarqu*ismo*, estat*ismo*, igualitar*ismo*, social*ismo* – em filosofia, niil*ismo* e dogmat*ismo* – e "tom*ismo*". Destruir essas ideias ocas é um dos serviços que a leitura de Tomás de Aquino poderia prestar ao século XX.

ANEXO I

SUMA TEOLÓGICA
II^a II^{ae}, QU. 6º

ARTICULUS 5 (1541).
Utrum sit semper secundum leges scriptas iudicandum.

Ad quintum sic proceditur. Videtur quod non sit semper secundum leges scriptas iudicandum.

1) Semper enim vitandum est iniustum iudicium. Sed quandoque leges scriptae iniustitiam continent: secundum illud *Isaiae* 10, [I]: *Vae qui condunt leges iniquas, et scribentes iniustitias scripserunt.* Ergo non semper est secundum leges scriptas iudicandum.

2) Praeterea, iudicium oportet esse de singularibus eventibus. Sed nulla lex scripta potest omnes singulares eventus comprehendere: ut patet per Philosophum, in V *Ética*[1]. Ergo videtur quod non semper sit secundum leges scriptas iudicandum.

3) Praeterea, lex ad hoc scribitur ut sententia legislatoris manifestetur. Sed quandoque contingit quod si ipse lator legis praesens esset, aliter iudicaret. Ergo non est semper secundum legem scriptam iudicandum.

SED CONTRA est quod Augustinus dicit, in libro *de Vera Relig.*:[2] *In istis temporalibus legibus, quanquam de his homines iudicent cum eas instituerint, tamen cum fuerint institutae et firmatae, non licebit iudicibus de ipsis indicare, sed secundum ipsas.*

---

[1] x 4,6 (1137 *b* 13; *b* 27).
[2] Cap. 31 (*PL*, 34, 148).

RESPONDEO dicendum quod, sicut dictum est[3], iudicium nihil est aliud nisi quaedam definitio vel determinatio eius quod iustum est. Fit auteur ali-quid iustum dupliciter: uno modo, ex ipsa natura rei, quod dicitur ius naturale; alio modo, ex quodam condicto inter homines, quod dicitur ius positivum, ut supra[4] habitum est. Leges auteur scribuntur ad utriusque iuris declarationem: aliter tamen et aliter. Nam legis scriptura ius quidem naturale continet, sed non instituit: non enim habet robur ex lege, sed ex natura. Ius autem positivum scriptura legis et continet et instituit, dans ei auctoritatis robur. Et ideo necesse est quod iudicium fiat secundum legis scripturam: alioquin iudicium deficeret vel a fusto naturali, vel a fusto positivo.

AD PRIMUM ergo dicendum quod lex scripta, sicut non dat robur iuri naturali, ita nec potest eius robur minuere vel auferre: quia nec voluntas hominis potest immutare naturam. Et ideo si scriptura legis contineat aliquid contra ius naturale, iniusta est, nec habet vim obligandi: ibi enim ius positivum locum habet ubi quantum ad ius naturale *nihil differt utrum sic vel aliter fiat,* sicut supra[5] habitum est. Et ideo nec tales scripturae leges dicuntur, sed potius legis corruptiones, ut supra[6] dictum est. Et ideo secundum eas non est iudicandum.

AD SECUNDUM dicendum quod sicut leges iniquae secundum se contrariantur iuri naturali, vel semper vel ut in pluribus; ita etiam leges quae sunt recte positae in aliquibus casibus deficiunt in quibus si servarentur, esset contra ius naturale. Et ideo in talibus non est secundum litteram legis iudicandum, sed recurrendum ad aequitatem, quam intendit legislator. Unde Iurisperitus dicit:[7] *Nulla ratio iuris aut aequitatis benignitas patitur ut quae salubriter pro utilitate hominum introducuntur, ea nos duriore interpretatione contra ipsorum commodum producamus ad severitatem.* Et in talibus etiam legislator aliter iudicaret: et, si considerasset, lege determinasset.

Et per hoc patet responsio AD TERTIUM.

---

[3] Art. 1.
[4] Qu. 57, art. 2.
[5] Qu. 57, art. 2, ad 2.
[6] I^a, II^{ae}, qu. 95, art. 2.
[7] *Dig.,* Lib. I, tit. nt, leg. 25 Nulla iuris (*KR,* I, 34).

ANEXO II

SUPPLEMENTUM THOMISTICUM

Utrum Gulglielmi Cadomensis – id est Villeyi lectura audibilis sit

Et videtur quod non.

1) Legitur enim apud **Michaelum Troperianum et Paulum Amselequium**, Parisiensis Universitatis illustrissimos magistros, de supradicto Gulglielmo quod sit minime "chebrantus" (ut jucunde proferebat Francescus de Mediis Terris) sive branchatus "Sed valde senex, aegrotus, antiquitatum amoratus, Kelseniorum imperitus". Statuit autem Concilium Atheniense *(Sed.,* IV . VI .7) ut "quisquis Kelseniana reprobat anathema sit" et Gulglielmum computat inter istos schismaticos. Ergo inaudibilem.

2) Secundum *Georgium de Simenonis* (in *Maigretti fallacias*, V.3) litterarum gustus per pornographicas sanguinariasque historias acquiritur. Quae ornamenta totaliter deficiunt in Gulglielmicis. Illa autem repleta sunt abstractionibus istisque metaphysicorum phantasmatibus quae Venerabilis Inceptor docuit nos resecanda. Auctoris nostri "dialecticales" dissertationes taeditudinem generare videntur potius quam voluptatem. Ergo non placet eas audire.

3) *Concilium Vat. II (Sacrosanctum concilium,* n. 36, 54-101) vernaculorum verborum praescrivit usum propter temporis infelicitatem ac laicorum clericorumque crescentem ignorantiam. Item quorum publicorum studiorum cura fuit magistratus latinam linguam occiderunt et a scholis

expulerunt quasi elitocraticam, democratica uniformitate contrariam, atque juribus Hominis. Gulglielmus autem latinis vocabulis copiosissime utitur. Ergo est reprehensibilis.

Sed contra est quod dicitur Gen. I. 4, Deum duo magna luminaria super terram effundisse. Per quod mystice intelligendum est *(Sec. Dallozarum institutionum lib.,* I, 61) mentes europeaneas per duo praesertim illuminandas. Inter quos non computatur Kelsenus nec Troperianus, sed Mozartus in musicis; Thomas in speculativis. Villeyi autem doctrina Salisburgensi Aquiquensique maxime inspirata et consequenter maximae auctoritatis reputanda est.

Respondeo dicendum quod circa hanc quaestionem fuit diversa opinio apud antiquos. Et est locus perpetuae dubitationis, quia longe dissentiunt atque moderni quid sit vera lectura ac audibilis. Veritatis nomen enim multipliciter intelligitur: 1) *Veras* posuerunt nonnulli quascumque insanitates in scolaribus tractatibus epitomisque conscriptas, et si bene notari cupias in academicis probationibus, sufficit tibi coram judicibus istas insanitates recitare. – 2) Quidam autem putaverunt veritatem in novitate seu modernitate principaliter versari; et ita opinaverunt illius saeculi quod illuminationum vocant fere omnes scriptorarii, cum se totius philosophiae initiatores existimaverunt. Unde secta progressistorum innumerabilia profecta sunt. – 3) Et in ultimo tempore venit ille "culturae", ut aiunt, famosus minister, dictus *Jacobus de Langiis,* qui veritatem "creativitati" aequiparavit. Statuit ille veritatem ab "intellectualium" opificum phantasia pendere, et perpetuo mutari quoties mutantur istorum elucubrationes. – Si autem praedictis modis veritatem accipias, Kelseniana aut aliorum scientistarum paralogisma vera tibi apparebunt – quasi dogmata in publicis universitatibus certe recepta.

In contrarium obicitur a *Georgio de Brassense* (Cantilenarum catena, 103) nullius momenti esse saeculum in quo ortae sint sententiae philosophorum. Sed "tempus ad hoc indifferente. Si quis cunnus est, inquit, cunnus est; an novus cunnus aut vetus, seu modernus vel antiques, non refert". Et quoties cumque remanet aliqua res, veritas rei non movebitur. Unde concludit nonnullas veritates apud antiquos inventas hodie servandas esse nonobstante illarum desuetudine. Et ideo Gulglielmus qui veterum disciplinis pertinaciter se nutrivit, indubitabiliter dignus est intrare in nostro docto corpore.

Et per hoc patet responsio ad primum.

Ad. 2 – Dicit Dominus noster secundum *Math.*, XV . 26, canibus mensae panem dari non expedire. Et exponitur in glossa ord. quod per canes hic mystice significantur speculativorum studiorum adversarii – et copia ineptorum, quia "*stultorum infinitus est numerus,* ut dicitur *Eccl.,* I, 15. Quos vero nihil prohibet ab illa lectura se abstinere. Et tamen a prudentibus et philosophis viris certe audienda est.

Ad. 3 – Gallicam linguam nominat Philosophus in *De Gen. An.*, XI.3, "carpentariorum meretriciumque"; latinam autem sapientium graecas artes eruditorum; et mirabilem ordine elegantia ac claritate. Pauco postea adjungit "illam contra ventos mariaque stupiditatis colendam esse". Quam cautissimam admonitionem simile inventurus es in authentico Corpore *Vat. II Concilii (loco cit.).* Unde constat quod Gulglielmus, qui latinis locutionibus frequenter utitur, maxime laudabilis est.

ANEXO II (TRADUÇÃO)

SUPLEMENTO TOMÍSTICO

Se acaso seria digna de audição a leitura de Guilherme Cadomense [de caen (frança)], isto é, de "ville yi d'amiens" (França).

E parece que não.

1) Pois se lê em Michael Troperiano e Paulo Amseléquio, ilustríssimos mestres da Universidade de Paris, a respeito do supradito Guilherme, que este seria o menos possível "esgoelado" (como agradavelmente proferia Francisco de Médias Terras) ou "enrouquecido" "mas muito velho, doente, enamorado das antiguidades, imperito dos estudos kelsênios". Estabeleceu porém o Concílio Ateniense (*Sed.*, IV.VI.7) que "quem quer que reprovasse os estudos kelsenianos seria um excomungado" e conta Guilherme entre esses cismáticos. Portanto não digno de audição.

2) Segundo Geórgio de Simenão [In *Maigretti fallacias* (Contra as falácias de Maigretto), v. 3], o gosto das letras se adquire através de histórias pornográficas e sanguinárias. Esses ornamentos faltam totalmente nos textos de Guilherme. Eles porém estão repletos de abstrações e desses espectros dos metafísicos que o Venerável Empreendedor ensinou que devemos cortar. De nosso autor as "dialetais" dissertações parecem gerar tédio antes que prazer. Portanto não agrada ouvi-las.

3) O *Concílio Vat. II* (*Sacrossanto Concílio,* n. 36, 54-101) prescreveu o uso de palavras vernáculas por causa da infelicidade do tempo e da crescente ignorância dos leigos e dos clérigos. Igualmente os magistrados en-

carregados dos estudos públicos desancaram o latim e o expulsaram das escolas como um idioma de governo elitista, contrário à uniformidade democrática e aos direitos do homem. Guilherme no entanto utiliza abundantissimamente vocábulos latinos. Portanto é digno de censura.

Mas contrariamente é o que se diz (*Gen.*, I, 14): Deus ter espalhado dois grandes luminares sobre a terra. Pelo que misticamente se deve entender (*Sec. Dallozarum institionum lib.*, I, 61) que as mentes europeias devem ser iluminadas principalmente por dois. Entre esses não se conta o kelseno nem o troperiano, mas Mozart entre os músicos, Tomás entre os especulativos. Ora a doutrina de Ville Yi deve ser reputada inspirada ao máximo pela salisburgense e arquiquense e consequentemente de máxima autoridade.

Afirmo que foi variada a opinião entre os antigos em relação a que é que devia ser dito sobre essa questão. E é uma posição de perpétua dúvida, porquanto há muito tempo estão em desacordo também os modernos sobre que é que seria uma leitura verdadeira e digna de audição. Pois a palavra verdade é entendida de muitas maneiras: 1) alguns homens puseram "verdadeiras" insanidades em tratados escolares e epítomes redigidas (aliás se desejas ser bem avaliado em provas acadêmicas, basta que recites perante os avaliadores essas insanidades); 2) certas pessoas porém pensaram a verdade estar principalmente na novidade ou modernidade; e assim opinaram, em relação ao que chamam de iluminações daquele século, quase todos os escrevinhadores, quando se estimaram iniciadores de toda a filosofia; daí seitas inumeráveis de progressistas tiveram início; 3) e por fim vem aquele "de cultura", como dizem, famoso ministro, dito Jacó de Lôngios, que equiparou a verdade à "criatividade"; ele estabeleceu a verdade pender da fantasia dos "intelectuais" obreiros, e perpetuamente ser mudada quantas vezes se mudam desses as elucubrações. Se, porém, pelas medidas supraditas aceitas a verdade, os paralogismos kelsianos ou de outros conhecedores te aparecerão como verdadeiros – como se dogmas certamente admitidos em universidades públicas.

Ao contrário é objetado por Geórgio de Brassense (*Cadeia das Cantilenas,* 103) de nenhum momento ser o século em que tenham surgido as ideias dos filósofos. Mas /diz ele/: "O tempo para isso é indiferente. Se algum sexo de mulher existe, diz ele, é sexo de mulher; se acaso novo sexo de mulher ou velho, ou moderno ou antigo, não importa." E quantas vezes permanece como outra coisa, e em todos os casos em que permanece como outra coisa, a verdade da coisa não será removida. Daí ele conclui que algumas verdades inventadas entre os antigos devem hoje ser preservadas, não obstante seu desuso. E por isso Guilherme, que pertinazmente se nutriu com as disciplinas dos antigos, indubitavelmente é digno de entrar em nossa douta corporação.

E por isso é patente a resposta a seguir.

Ad. 2 – Diz nosso Senhor (segundo *Mateus*, XV, 26) não ser conveniente que se dê aos cães o pão da mesa. E em interpretação comum se expõe que por cães aqui, em linguagem mística, são indicados os adversários dos estudos especulativos – e a abundância dos ineptos, porquanto "dos tolos infinito é o número", como se diz (*Eclesiastes*, I, 15). A esses em verdade nada os proíbe de abster-se daquela leitura. E todavia esta certamente deve ser ouvida por varões prudentes e filosóficos.

Ad. 3 – Em *De Gen. An.*, XI, 3, o filósofo chama a língua gálica de língua "dos carroceiros e das meretrizes"; a latina, porém, de língua dos sapientes e dos instruídos em relação às artes gregas, e língua admirável pela ordem, elegância e claridade. Pouco depois ajunta "dever ela ser cultuada contra os ventos e mares da estupidez". Irás encontrar essa muito cautelosa advertência semelhantemente no autêntico *Corpus Vat. II Concilii (loco cit.)*. Daí é certo que Guilherme, que frequentemente utiliza expressões latinas, é sobretudo digno de louvor.

Impresso por :

gráfica e editora

Tel.:11 2769-9056